Dieter Emeis

Zwischen Ausverkauf und Rigorismus

Dieter Emeis

Zwischen Ausverkauf und Rigorismus

Zur Krise der Sakramentenpastoral

Herder Freiburg · Basel · Wien

Umschlagbild:
Rhythmische Progression 1952–59 von R. P. Lohse.
Copyright Richard Paul Lohse-Stiftung, Zürich

Alle Rechte vorbehalten – Printed in Germany
© Verlag Herder Freiburg im Breisgau 1991
Herstellung: Freiburger Graphische Betriebe 1991
ISBN 3-451-22281-7

Inhalt

Vorwort   8

I. Sehen: Zur Situation des Übergangs   9
    1. Volkskirchliche Tradition   9
    2. Das Abschmelzen konfessioneller Milieus . . .   13
        a) Modernisierung als Ausdifferenzierung des Le-
           bens   14
        b) Die Auflösung der Milieus   17
        c) Fragen auf der Suche nach dem Weg der Kirche .   18
    3. Ein Blick auf die Lernorte des Glaubens   21
        a) Die Familie   21
        b) Der Religionsunterricht   24
        c) Die Pfarrei bzw. Gemeinde   25
    4. Der stärker werdende Leidensdruck   27
        a) Gefühl der Erfolglosigkeit   27
        b) Sorge um die Identität der Sakramente   28
        c) Rollendiskrepanz   30

II. Urteilen: Perspektiven zur Orientierung   31
    1. Die Sendung der Kirche in der Spannung zwi-
        schen Offenheit und Identität   31
        a) Jesu Zuwendung zu allen und seine Sammlung
           der wenigen   31
        b) Kirche als Sakrament für die Welt   33
        c) Allen gut tun und die Berufenen sammeln . . .   34
        d) Sorge um Identität um der Sendung für die vielen
           willen   36
        e) Zusammenfassung: Sympathische Pflege des
           volkskirchlichen Erbes und Sammlung zukunfts-
           fähiger Gemeinden   38

2. *Die Frage gestufter Kirchenzugehörigkeit* . . . 40

a) Das Faktum gestufter Teilhabe am Leben der Kirche 41

b) Aussagen der Kirchenkonstitution des II. Vaticanums 42

c) Pastoral des Weges und Pastoral der Gastfreundschaft 43

d) Wer baut und gestaltet das offene und gastfreundliche Haus mit? 44

3. *Orientierung an Elementen der Theologie der Sakramente* 46

a) Die Sakramente im Prozeß der Evangelisierung . 46

b) Sakramente als Glaubenszeichen 49

c) Sakramente als Symbolhandlungen in Glaubensgemeinschaft 52

d) Die Sakramente im Leben der Gemeinde 55

e) Zum Organismus der Sakramente 57

f) Sakramente als positive, nicht exklusive Zeichen des Heiles 58

III. *Handeln I: Anregungen für eine Sakramentenpastoral in der Gemeindepastoral* 61

1. *Förderung gemeindlicher Glaubensgemeinschaft* 62

a) Glaubensgemeinschaft als Lebensgewinn 63

b) Glaubensgemeinschaft als Alternative zur totalen Individualisierung 64

c) Glaubensgemeinschaften als katechumenale Orte 66

d) Gemeinde als Gemeinschaft von Gemeinschaften 68

2. *Suche nach einer Praxis in und mit der Gemeinde* 69

a) Zum Ruf nach dem Bischof in der Krise der Sakramentenpastoral 70

b) Konsequentere Erneuerung sakramentaler Feiern als gottesdienstliche Versammlungen der Gemeinde 71

c) Mitsorge der Gemeinde um ihre Identität und ihre Offenheit 74

3. *Suche nach einem Handeln, das der Glaubenssituation der Menschen entspricht* 76

a) Alle vor die Frage nach einem Neuanfang stellen 77
b) Gottesdienstliche Feiern im Vorraum der Sakramente 79
c) Den Menschen das geben, was sie annehmen können 82

4. *Wenn Menschen die Kluft zwischen dem, was das Sakrament feiert, und dem, wie sie Zugehörigkeit zur Kirche wollen, nicht verstehen (können, wollen)* 84

a) Zwei Fallbeispiele 85
b) Zum Kriterium der Menschenfreundlichkeit . . 88
c) Gestufte Sakramentalität? 90

5. *Aus einer Begrenzung der Erfassungspastoral Kräfte gewinnen für Evangelisation und Gemeindebildung* 93

IV. *Handeln II: Anregungen zur Pastoral einzelner Sakramente* 97

1. *Taufe* 97

a) Taufe nach einem Weg der Annäherung 97
b) Übergangslösungen 99
c) Lernchance Erwachsenenkatechumenat . . . 102

2. *Firmung – Feier gefundener Glaubensgemeinschaft* 104

3. *Eucharistie* 109

a) Das „Geheimnis des Glaubens" eröffnen und schützen 109
b) Suche nach der Gemeindeversammlung am Herrentag zum Herrenmahl 111
c) Das Fest der Kinder und Neubegegnung mit den Eltern 113

4. *Ehe – Feier dessen, was Paare in der Ehe füreinander sein wollen* 116

Vorwort

Der Titel dieser Veröffentlichung ist ernst gemeint. Viele, mit denen ich im Austausch bin, wollen in der Tat keinen Ausverkauf. Sie wehren sich gegen eine Pastoral unverbindlicher Angebote, die, wenn sie auf keine Nachfrage stoßen, zu Sonderangeboten herabgestuft werden. Das Evangelium ist in diesem Sinne kein Angebot, sondern ein Ruf zum Leben, der die Menschen, die davon ergriffen werden, in die Krise führt. Dafür sollen die Sakramente Zeichen sein.

Andererseits möchte niemand von den pastoralen Mitarbeiterinnen und Mitarbeitern, die ich kenne und schätze, Rigorist sein. Rigorismus ist nicht menschenfreundlich. Er dient Prinzipien, auch wenn es auf Kosten der Menschen geht. Von Jesus wissen wir hinreichend verläßlich, daß er das neue Nahekommen Gottes als ernste Herausforderung an die Lebensantwort der Menschen verkündete, daß er andererseits aber die Menschen in ihren oft sehr gebrochenen Situationen annahm, um ihnen einen Weg zum wahren Leben zu eröffnen.

Nach diesem Weg Jesu zwischen Ausverkauf und Rigorismus in der Sakramentenpastoral wollen die Überlegungen dieses Buches suchen.

I. Sehen:
Zur Situation des Übergangs

Daß bei uns eine Zeit der Kirchengeschichte an ihr Ende kommt, ist kaum zu leugnen. Die Sakramentenpastoral ist einer der Orte, an denen sich die tiefgreifenden Veränderungen unseres gegenwärtigen gesellschaftlichen und kulturellen Lebens auswirken. Diese Veränderungen betreffen nicht nur die Sakramente. Darum ist auch eine Neuorientierung der Sakramentenpastoral nicht allein auf die Frage nach einer anderen Vorbereitung und Praxis der Sakramente zu begrenzen. Der folgende Versuch einer solchen Neuorientierung geht von der Hoffnung aus, daß mit dem Ende einer Zeit der Kirchengeschichte bei uns zugleich eine neue Zeit dieser Geschichte anbricht. Wie diese neue Zeit aussehen wird, können wir nur ahnen. Die künftige Wirklichkeit der Kirche in Europa wird auch davon abhängen, wie wir uns auf den weiteren Weg vom Herrn der Kirche rufen und von seinem Geist führen lassen.

1. Volkskirchliche Tradition

In einer Zeit des Überganges ist für die Suche nach der Zukunft ein Rückblick auf die Zeit, aus der wir kommen, wichtig. Wir nennen diese Zeit hier die Zeit der Volkskirche und müssen klären, was damit gemeint sein soll. Volkskirche begann, als ganze Völker durch politischen Entscheid ihrer Führer in die Kirche hineingenommen wurden. Neue Glieder des Gottesvolkes der Kirche wurden nicht gewonnen durch Evangelisation im Lebens- und Wortzeugnis von Christen. Nicht die Überzeugungs und Anziehungs kraft christlicher Glaubensgemeinschaft rief andere zum Glauben und ließ diese durch die Gabe der Bekehrung hindurch die Glaubensgemeinschaft suchen. Es wurde vielmehr über die Köpfe und Herzen der Menschen hinweg bestimmt, daß sie die Taufe auf sich zu nehmen haben. (Später hatten sie das Bekenntnis mit ihrem katholischen oder reformierten Landesherren zu teilen.) In den einmal getauften Völkern wurden künftig die nachwachsenden Generationen im kirchlichen Lebenszusammenhang geboren und wuchsen selbstverständlich in diesem auf. Christ war man durch Geburt – so wie man durch Geburt Deutscher oder Pole oder Spanier war. Die durch politischen Entscheid in die Kirche hineingenommenen Menschen wurden zwar nachträglich auch missioniert; aber diese nachträgliche Mission hat nur begrenzt eine wirklich christliche Identität der Volkskirchen bewirken können. Die Pastoral an den Getauften war (und ist auch heute) weithin ein Hinterherlaufen hinter der überschlagenen Evangelisierung.

Durch diese Pastoral und vor allem dadurch, daß das Evangelium die ganze Lebenswelt intensiv durchdrang, war die Lebensgeschichte fast aller Menschen – wenn auch in sehr gestufter Weise – auch eine Glaubensgeschichte. Wenn es bei diesem volkskirchlichen Glauben nach Ort und Zeit und dazu noch von Individuum zu Individuum große Unterschiede gab, so kann man doch feststellen, daß es sich um eine Christlichkeit mit begrenzter Identität, ja sogar um so etwas wie einen Auswahlglauben handelte. Gemeint ist damit nicht die immer bleibende Differenz zwischen der Botschaft und ihrer Realisation durch die Glaubensgemeinschaft, sondern die Tatsache, daß Intentionen des Evangeliums nicht wahrgenommen wurden und in der Folge die Differenzen zwischen der verkündeten Botschaft und der faktischen kirchlichen Lebensgestalt nicht

gesehen und bearbeitet wurden. Einige der Defizite volkskirchlicher Tradition seien exemplarisch benannt.

a) Viele der Völker, die als ganze getauft wurden, waren
nicht nur wehrhaft, sondern kriegerisch und führten ihre
Kriege nach ihrer Taufe kaum mit größeren Hemmungen
als vorher. Die Praxis des Krieges wurde zwar nie vollends
legitimiert; sie wurde aber auch kaum mehr als Wider-
spruch zur Taufberufung empfunden. So konnten getaufte
Völker gegen getaufte Völker Krieg führen, ohne die ganze
Ungeheuerlichkeit dieser Praxis zu erleiden: Der „Leib
Christi", der dazu berufen ist, den angebrochenen Frieden
Gottes in unserer Geschichte zur Darstellung und zur Wir-
kung zu bringen, zog in den Krieg gegen den „Leib Christi".
(Vor wenigen Jahren wurde in den USA ein U-Boot mit ato-
maren Angriffswaffen auf den Namen einer Stadt „Corpus
Christi" getauft.)

b) Die sozialen Unterschiede in den Völkern veränderten sich durch die Taufe gar nicht oder doch nur selten bis
zu einer Gemeinschaft von Brüdern und Schwestern mit
grundsätzlich gleicher Würde. Zum Teil wurden die
sozialen Unterschiede sogar als gottgewollt stabilisiert.
Ganz brach wohl die herrschaftskritische Tradition bi-
blisch-christlichen Glaubens nie ab; aber sie wurde überla-
gert von Bündnissen zwischen staatlicher und kirchlicher
Obrigkeit.

c) In der Kirche bildete sich ein Klerus heraus, der eine
eigene Welt von „geistlichen Herren" darstellte. Das Amt
war nicht mehr Amt in der Gemeinde, sondern stand dem
Volk nur noch – sogar aus einer mehr oder minder großen
Distanz – gegenüber. Es kam zu einer Spaltung zwischen
der lehrenden und der hörenden (nicht der gemeinsam unter dem Evangelium stehenden), zwischen der die Sakramente spendenden und der sie empfangenden (nicht die
Sakramente gemeinsam feiernden) Kirche.

d) An die Stelle der Gemeindeversammlung am Herrentag zum Herrenmahl trat die Heilige Messe am staatlichen Feiertag, bei der alle Bürger in ihren Hauptteilen mit Andacht anwesend zu sein hatten. Diese Anwesenheit wurde vielerorts sozial kontrolliert.

e) Als Institution bekam die Kirche in der Gesellschaft vor allem moralische Funktionen und trug so mit geistlicher Autorität die sittliche Ordnung des Lebens. Es wurden – mit auswählender Betonung – vor allem die sittlichen Forderungen des Evangeliums verkündet. Dahinter trat zurück die Botschaft von der neuen Nähe Gottes und der Gabe seines Geistes, die dem Leben aufhilft, es heilt und ihm neue Lebensmöglichkeiten erschließt. Sehr viele konnten nicht zur Erfahrung der Freiheit der Kinder Gottes kommen, sondern sahen sich von Ansprüchen umgeben, die sie um des Heiles ihrer Seele willen zu erfüllen hatten. Das Normalbewußtsein der meisten Glieder des Gottesvolkes war bis in unser Jahrhundert hinein davon geprägt, nicht im „Stande der heiligmachenden Gnade", also nicht zur Teilhabe an der eucharistischen Gabe zugelassen zu sein.

Im Zusammenhang mit der Spaltung der Kirche in Klerus und Volk sind zwei Merkmale des Glaubens des Kirchenvolkes (im Unterschied zum Klerus) in volkskirchlicher Situation hervorzuheben:

a) Der Glaube des Kirchenvolkes verstummte, weil das Volk nichts zu sagen hatte. Sprache für den Glauben wurde amtliche Sprache, die nur von Amtsträgern gelernt wurde.

b) Der Glaube des Kirchenvolkes sah sich nur noch sehr begrenzt in Verantwortung für die Sendung der Kirche. Die meisten Christen erfuhren sich als von den Amtsträgern Versorgte, deren Verantwortung fast nur noch das eigene Seelenheil und das der anvertrauten Familienmitglieder betraf. Es war die Lebenswelt fast aller von der Kirche erfaßt. Das biblische Wort von der Jüngergemeinde als Licht für die Welt konnte nicht mehr Bedeutung bekommen, wo eine noch nicht vom Evangelium erleuchtete Welt nicht mehr gesehen wurde. Es waren dann allerdings die Orden, die die Aufgabe hatten, in einer eben z. T. nur sehr begrenzt vom Evangelium erleuchteten Kirche für Licht zu sorgen.

Hier soll nicht übersehen werden, daß in volkskirchlicher Situation viele zu einem wahren und lebenswirksamen Glauben fanden. Es gab Gebet in Lob, Dank und Bitte. Es gab großherzige Nächstenliebe. Es gab die Anbetung der Lebenshingabe Jesu. Es gab Nachfolge Jesu in Leidsituationen usw. Daß dies alles mit dem Ende von volkskirchlicher Tradition gefährdet, ja in sehr vielen Menschen schon abgestorben ist, ist bedrängend. Zugleich aber ist mitzusehen, daß die Volkskirche keine ideale Verwirklichung von Kirche war und ist. Als Erben der auslaufenden volkskirchlichen Tradition werden wir heute eher von den Defiziten dieser Tradition belastet als von ihren Glaubensmöglichkeiten getragen. Aus der Geschichte aussteigen können wir auf keinen Fall, und so müssen wir auf der Suche nach unserer Zukunft beides aus unserer Vergangenheit annehmen: die Tradition wahren und lebendigen Glaubens und die durch Verweigerungen und Blindheiten verwundete Identität kirchlicher Glaubensgemeinschaft. Diese verwundete Identität betraf auch die traditionelle Sakramentenpastoral. Wenn wir heute neu nach Wegen sakramentalen Lebens suchen müssen, ist dies nicht nur in der veränderten Situation begründet, sondern auch darin, daß uns manches in der sakramentalen Praxis der volkskirchlichen Tradition problematisch, ja fremd geworden ist.

2. Das Abschmelzen konfessioneller Milieus[1]

Als Grund für die Verdunstung des Glaubens wird sehr häufig vor allem die Säkularisierung genannt. Gemeint ist damit die Tatsache, daß Gott als das Geheimnis des Lebens im normalen Alltag nicht mehr oder kaum noch vorkommt und gebraucht wird. Auch ohne daß sie sich eigens dazu entscheiden, leben viele (wohl auch die, die sich als Glaubende verstehen) weithin so, als gebe es Gott nicht. Es ist nicht zu leugnen, daß dieses Klima ein Vergessen Gottes (weniger also Glaubensabfall) fördert. Wenn sehr viele so leben, daß sie ohne Gott „klarkommen", und viele Erfahrungen darauf verweisen, daß wir ohne Gott „klarkommen" müssen, wird die Erinnerung an Gott unselbstverständlich und die Gemeinschaft in Erfahrungen mit seiner helfenden Nähe zur Ausnahme.

Offensichtlich aber ist die Säkularisierung nicht so total, wie sie gelegentlich dargestellt wird. Sehr viele bleiben in den großen Kirchen und verstehen sich als Menschen, die an Gott glauben, ja sogar Christen sein wollen. Was seit etwa 20 Jahren stark zunimmt, ist der Rückzug vieler aus einem etwas häufiger gesuchten, meist gottesdienstlichen Kontakt mit den kirchlichen Gemeinden. Dieser Rückzug hat einen Plural von Gründen, ist aber mit Sicherheit sehr stark auf Veränderungen in unserem gesellschaftlichen Leben zurückzuführen. Dies soll hier etwas näher bewußtgemacht werden.

a) Modernisierung als Ausdifferenzierung des Lebens

In früheren Kulturen lebten die Menschen in einer einzigen Lebenswelt, in der alle Lebensfunktionen integriert waren. In der Welt einer Großfamilie oder eines Dorfes fielen die Welt der Gemeinschaft von Mann und Frau und die von Kindern und Eltern, die Welt der Arbeit und die der Freizeit, die Welt der Glaubensgemeinschaft und die des Feierns, die Welt des Heranwachsens und die des Alterns, die Welt des Krankseins und die des Sterbens zusammen. Vor allem mit der Industrialisierung kam es zu einem Auseinandertreten der früher zusammengehörigen Lebenswelten. Zuerst gingen für sehr viele Menschen die Welten von

Familie und Arbeit auseinander. Inzwischen verläßt nicht mehr nur der Mann die Wohnwelt der Familie, um zur Arbeit in eine andere Welt zu gehen. Auch sehr viele Frauen haben nicht mehr nur die Familie als Arbeitswelt. Kinder verlassen die Familie schon früh und leben einen Teil ihrer Zeit im Kindergarten, in der Schule, im Sportverein, in Gruppen von Gleichaltrigen. Krankenhäuser und Altenheime sind zu wichtigen eigenen Lebensorten geworden. Sogar das Wohnen ist für nicht wenige nicht mehr auf einen Ort beschränkt. Der Wohnort des Werktages kann existenziell und für die Kommunikation mit anderen Menschen manchmal weniger bedeutsam sein als der Ort des Freizeitwohnens auf dem Dauercampingplatz oder in der Ferienhaus-Siedlung.

Für den einzelnen Menschen bedeutet diese Modernisierung einerseits einen Zugewinn an Freiheitsraum. Er ist nicht mehr eingebunden in eine ihm vorgegebene Lebenswelt, in die er sich eingliedern mußte – etwa die Welt eines Dorfes, in der ein Mann das Handwerk seines Vaters zu übernehmen hatte. Der einzelne kann grundsätzlich entscheiden, wie intensiv er an dieser oder jener Lebenswelt Anteil nehmen will. Viele müssen sich zwar vorrangig nach den Möglichkeiten richten, die ihnen der Arbeitsmarkt bietet; aber meistens bleibt doch ein Spielraum, in dem sie etwa das Zueinander von Beruf und Familie unterschiedlich gewichten können. Ähnlich unterschiedlich können sehr viele zumindest begrenzt darüber entscheiden, wie sie die existentielle Bedeutung von Beruf und Freizeit einander zuordnen wollen. Die Rollen von Mann und Frau, von Vater und Mutter sind weitgehend gestaltungsoffen. Dies alles bedeutet, daß sich für sehr viele Menschen die Möglichkeiten ihrer Lebensgeschichte vervielfältigt haben.

Mit diesem Zugewinn an Freiheit sind allerdings zwei Merkmale des Lebens in modernisierter Gesellschaft verbunden:

– Es ist ein hoher Anspruch, den Freiheitsraum so zu nutzen, daß der einzelne zu seiner Biographie findet. Die Hilfe von Tradition und von gemeinsamer Lebensgestaltung in Lebens- und Überzeugungsgemeinschaften entfällt weitgehend. Alleine und ohne die Übernahme von Lebenserfahrungen aus der Überlieferung herauszufinden, wie Leben gelingend zu gestalten ist, stellt eine Aufgabe dar, von der der einzelne überfordert werden kann. Die in bisher allen Kulturen der Menschheit dem einzelnen vorgegebenen Orientierungen aus der Tradition und dem integrierten Lebenszusammenhang bedeuteten eine Einengung; sie waren aber auch eine Hilfe.

– Den einzelnen verbindet mit anderen Menschen weniger, und damit wird der Umgang von Menschen miteinander unverbindlicher. In den verschiedenen Lebenswelten hat der einzelne mit jeweils anderen Menschen zu tun. Dabei brauchen die Menschen einander in bestimmten Funktionen, weniger als Personen. Ganzheitliche Beziehung und Begegnung wird fast ausschließlich im Raum der Privatheit gesucht und erwartet. Die Außenwelten werden stark von Spielregeln geprägt, in denen über die bloße Funktion hinaus zwar durchaus Unterhaltung und Austausch von Informationen möglich ist; aber dabei entsteht wenig Gemeinschaft in dem, was die Menschen froh oder traurig macht. Es bleibt im alltäglichen Umgang verborgen, welche Ängste oder Hoffnungen die Menschen bewegen. Wenn darüber nirgendwo mehr gesprochen wird, wird es auch zunehmend schwieriger, in Ehe und Familie nicht nur Wohnung und Nahrung, sondern auch Freude und Leid zu teilen. Auch dies hat zwei Seiten: Menschen belasten einander weniger, sie tragen einander aber auch weniger. Sie sind weniger gebunden, sie werden aber auch eher allein gelassen.

b) Die Auflösung der Milieus

Für das Verstehen der gegenwärtigen Situation der Kirche in unserer Gesellschaft ist die Wahrnehmung wichtig, daß die großen Kirchen – die katholische noch intensiver als die evangelischen – auf die beginnende Modernisierung des gesellschaftlichen Lebens im vergangenen Jahrhundert mit der Bildung von konfessionellen Milieus reagieren konnten, daß diese Milieus aber seit etwa 20 Jahren in Auflösung begriffen sind bzw. sich aufgelöst haben. Mit Milieubildung ist gemeint, daß von einer Lebenswelt wichtige andere Lebenswelten ergriffen und geprägt werden und die Menschen darin gleich oder ähnlich orientierten Menschen begegnen. Dieses Milieu bestimmt die Menschen so primär, daß sich ihnen erst von dieser Herkunft und Identität her die anderen nicht zum Milieu gehörenden Lebenswelten erschließen. Beim katholischen Christen bedeutete dies, daß er in einer katholischen Familie geboren wurde, in einen katholischen Kindergarten und eine katholische Schule ging. In seiner katholischen Pfarrei wurde er Mitglied katholischer Vereine. In Krankheit vertraute er sich einem katholischen Krankenhaus an. Wenn er las, las er Bücher aus katholischen Verlagen, hatte ein katholisches Lexikon und lieh er Bücher in der katholischen Pfarrbibliothek. Dieses Milieu bewirkte – ähnlich übrigens wie das Arbeitermilieu – eine intensive Beheimatung von Menschen. Andererseits aber konnte es Menschen auch einschließen und den Dialog mit anderen behindern. Diese Gefahr wird in etwa mit dem Wort „Katholizismus" angezeigt, das weniger auf eine für die anderen mitlebenden Menschen offene Glaubensgemeinschaft verweist als auf ein geschlossenes, verfestigtes weltanschauliches System.

Das katholische Milieu war nicht überall gleich stark ausgeprägt. Fast überall war es aber bis in die 60er Jahre unseres Jahrhunderts wirksam. Auch in der Diaspora gab es ein katholisches Leben, in dem zentrale Lebensbereiche integriert waren und in dem sich Identitäten aufbauen konnten, in denen Menschen sich zuerst als Katholiken verstanden und nur als solche an Lebensbereichen Anteil hatten, die nicht katholisch geprägt waren. Seit den 6oer Jahren ist unsere Gesellschaft von einem neuen, intensiven Modernisierungsschub gekennzeichnet. Dieser sprengt die Milieus, die bis dahin die Desintegration der Lebensräume abbremsen konnten. Er wird nicht zuletzt wirksam in einer anwachsenden sozialen, beruflichen und geographischen Mobilität. Die Folgen für die kirchliche Beheimatung der Menschen wird deutlich, wenn man die bis dahin stark von der Kirche geprägten Lebenswelten durchgeht: Was eine katholische Familie ist, ist nicht nur dort nicht mehr gesichert, wo nicht beide Ehepartner katholisch sind; katholische Schulen sind zur Ausnahme geworden und haben es schwer, eine vom Glauben inspirierte Schulwelt zu realisieren; katholische Krankenhäuser werden weniger wegen einer geistlichen Beheimatung in der Krankheit als wegen des Rufes ihres medizinischen und pflegerischen Personals und ihrer technischen Ausstattung gesucht; die Bücherschränke und Lesegewohnheiten katholischer Christen dürften sich kaum von denen anderer in der jeweiligen Berufsgruppe und sozialen Schicht unterscheiden.

c) Fragen auf der Suche nach dem Weg der Kirche

Drei Beobachtungen sind auf dem skizzierten Hintergrund für die Suche nach einem Weg der Kirche mit den Menschen unserer Gesellschaft festzuhalten:

(1) Mangel an Glaubensgemeinschaft

Für sehr viele Menschen, deren Eltern noch im katholischen Milieu geprägt wurden, ist die kirchliche Pfarrei bzw. Gemeinde ein Lebensraum neben vielen anderen. Oft verbringen sie in diesem Lebensraum nur wenig oder sogar sehr wenig Zeit und haben sie zu Menschen in diesem Lebensraum wenig oder sogar sehr wenig Beziehung. Eher ausnahmsweise sind ihnen Menschen darum nahe und wichtig, weil sie mit ihnen Glaubensgemeinschaft haben. Es sind Minderheiten, die so viel Zeit im Lebensraum der Pfarrei bzw. der Gemeinde leben und dabei so nahe Beziehungen zu anderen Mitglaubenden aufbauen und pflegen, daß darin Glaubensgemeinschaft entsteht. Die Mehrheit derer, die sich durchaus (noch) als Kirchenmitglieder verstehen und dies in der Kirchensteuer sichtbar machen, wird nicht mehr primär von einem kirchlichen Lebens- und Gesprächszusammenhang geprägt. Je loser dieser Zusammenhang wird, desto stärker ist ein Verblassen christlich-kirchlicher Glaubensüberlieferung zu erwarten. Eine der zentralen Fragen in unserer Situation ist:

Wie wichtig muß einem Menschen die Glaubensgemeinschaft sein, um eine Geschichte christlichen Glaubens an Gott leben zu können?

(2) Wechselnde und abbrechende soziale und kirchliche Beziehungen

Nicht nur durch die Pluralisierung und Desintegration der Lebenswelten wird Gemeinschaft in der Welt des Glaubens erschwert. Hinzu kommt, daß sehr viele, die im Heranwachsen Menschen fanden, die ihnen als Mitglaubende wichtig wurden, aus ihrem Lebenszusammenhang auswandern und ihre Lebensorte sogar häufiger wechseln. Selbst wenn ihnen ihr Glaube so wichtig ist, daß sie am neuen Lebensort wieder Glaubensgemeinschaft suchen, kann es für sie schwer, evtl. sogar sehr schwer sein, sich neu zu beheimaten. Kirche hat zwar flächendeckend Pfarreien und bietet darin ebenso flächendeckend (noch) Gelegenheit zum Besuch von Heiligen Messen an; d. h. aber nicht, daß in diesen Pfarreien und ihren Gottesdiensten neue soziale Beziehungen eröffnet werden, also neu Hinzukommende Menschen finden können, die ihnen als Mitglaubende wichtig werden. Eine wichtige Frage in dieser unserer Situation ist:

Wie können Christen, die in ihrem Heranwachsen Glaubensgemeinschaft fanden, lernen, beim Wechsel ihrer Lebensorte neu Glaubensgemeinschaft zu suchen, und wie können in den Pfarreien Orte entstehen, wo neu Hinzukommende Glaubensgemeinschaft finden?

(3) Individuelle Bestimmung von Christlichkeit und Kirchlichkeit

Lebenspraktischer Individualismus in unserer modernisierten Gesellschaft meint, daß das Individuum darüber entscheidet, mit welchem Aufwand an Zeit und Engagement es an dieser oder jener Lebenswelt Anteil haben will. Es entsteht ein Klima der Abwehr aller vereinnahmenden Ansprüche. Zugelassen sind nur noch Angebote, die das Individuum grundsätzlich frei geben und frei lassen. In diesem Klima nimmt das Individuum auch in Anspruch, selbst darüber zu entscheiden, in welchem Sinn es Christ sein und zur Kirche gehören will. Es läßt sich sein Christsein weder von einer amtlichen Autorität noch von einem Anspruch der Glaubensgemeinschaft vorschreiben. Dies wird noch verstärkt durch die Ablösung einer kirchengeschichtlichen Zeit, in der Menschen bestimmte christlich-kirchliche Pflichten und Zugehörigkeiten gesellschaftlich verordnet wurden. Davon sieht man sich befreit, und diese Freiheit möchte man auch nutzen. Der Abschied von Christlichkeit und Kirchlichkeit ist nicht total. Viele fühlen sich sogar beleidigt, wenn ihnen von anderen ihre Christlichkeit und Kirchlichkeit abgesprochen wird. Etwas christlich und kirchlich wollen sehr viele sein; dieses „Etwas" wollen sie aber selbst bestimmen. Eine wichtige Frage in dieser Situation ist:

Wie kann die Verbindlichkeit christlich-kirchlichen

Glaubens so erfahrbar, d.h. lebenspraktisch plausibel wer-
den, daß Menschen sie nicht als Bedrohung ihrer Freiheit,
sondern als Eröffnung einzigartiger Lebensmöglichkeiten
wahrnehmen und ihr dann von innen heraus zustimmen
können?

3. Ein Blick auf die Lernorte des Glaubens

Im katholischen Milieu bildeten die Familie, die kirchliche
Gemeinde und die Schule mit ihrem Religionsunterricht
eine Einheit. Die Lernorte stützten sich gegenseitig in ihrer
Wirksamkeit. Die Integration dieser Lernorte ist abge-
schwächt bzw. schon verlorengegangen. Sie heute neu zu
fordern, ist unrealistisch, wenn man nicht daran denkt,
eine Art neues Milieu zu errichten. Dies würde bedeuten,
daß man mit den verbleibenden katholischen Familien
neue Gemeinden bildet und mit mehreren von ihnen eine
Privatschule mit Schülern aus gläubigen Familien und mit
intensiv in deren Herkunftsgemeinden verwurzelten Lehrerinnen und Lehrern. Weiter unten wird zu fragen sein, ob
und wie nach neuen Wegen der Integration zu suchen ist.
Realistischer wird sich dann wahrscheinlich die Forderung
nach intensiverer Kommunikation zwischen Familie, Religionsunterricht und Gemeinde erweisen. Hier sollen zunächst einige Veränderungen bewußtgemacht werden, die
die angesprochenen Lernorte des Glaubens auch unabhän-
gig vom Problem der Desintegration betreffen.

a) Familie

Sowohl die Gemeinschaft von Mann und Frau in der Ehe
als auch die von Eltern und Kindern in der Familie ist eigentlich nicht mehr eine Lebensgemeinschaft. Die Menschen teilen in Ehe und Familie nur einen Teil ihres Lebens

– vor allem den Teil, den wir „Freizeit" nennen, obwohl die Zeit darin nicht so frei zur Verfügung steht, wie dieses auf den ersten Blick erscheinen mag. Doch auch als Teilzeit-Gemeinschaften sind Ehe und Familie für die Menschen in unserer Gesellschaft in der Regel sehr wichtig. Ehe und Familie haben manche Funktionen verloren – z.B. die der ökonomischen Sicherung oder die einer umfassenden Lebensschule; zugleich aber haben sie an Bedeutung gewonnen als Orte der Erfahrung von Annahme und Zuwendung, von bedingungsloser Sympathie in Freude und Leid, von Verständnis und Vergebung. Diese Erfahrungen ermöglichen vielen Menschen Zustimmung zum Leben und vermitteln ihnen Lebenssinn. Die Bedeutung von Ehe und Familie wächst, je weniger die angesprochenen Erfahrungen in den anderen Welten gesellschaftlichen Lebens gemacht werden können. Für ihre Beheimatung in Ehe und Familie suchen darum (noch) viele Menschen den Schutz Gottes und den Segen der Kirche. Mit dieser Beanspruchung Gottes für die Familie ist eher selten die Bereitschaft verbunden, sich für Gottes Geschichte mit den Menschen beanspruchen zu lassen. Dies hängt zusammen mit der Tatsache, daß der Rückzug in das Private in unserer Gesellschaft in der Regel auch die Begrenzung von ganzheitlicher Verantwortung auf diesen Raum des Privaten einschließt.

Wir dürfen davon ausgehen, daß in sehr vielen Ehen Menschen einander tröstend, helfend, ermutigend, heilend beistehen und daß sehr viele Eltern ihren Kindern ein fundamentales Vertrauen zum Leben und zu einem guten Geheimnis im Grunde des Lebens ermöglichen. Zugleich ist zweifellos die familiale Tradition christlicher und kirchlicher Gläubigkeit tiefgreifend geschwächt. Wichtige Elemente des oben angesprochenen katholischen Milieus hatten vor allem in den Familien ihren Ort und wurden dort von Generation zu Generation vermittelt: das Kreuzzeichen und die täglichen Gebete, das Freitagsgebot und der sonntägliche Kirchgang. Diese Vermittlung ist nicht nur dort gestört, wo die Ehe nicht Konfessionsgemeinschaft ist und die damit anstehenden Konflikte im Sinne innerehelicher Harmonie (also auf der Ebene des niedrigsten gemeinsamen Nenners) gelöst werden. Es ist objektiv schwerer geworden, in der Familie Glaubensgemeinschaft zu realisieren. Das Zusammenleben ist beunruhigter und gestaltet sich oft von Tag zu Tag anders. Es muß dynamisch offengehalten werden für die Weiterentwicklung der Eltern und der Kinder und ihrer Beziehungen zueinander. Tradition aus der Herkunftsfamilie ist nur begrenzt hilfreich, weil die neue Familie unter neuen Bedingungen, in einem Spannungsfeld anderer Lebenswelten, im Zusammenhang neu zu findender und zu verändernder Rollen zu suchen ist.

Hinzu kommt, daß früher wirksame Motivationen für die familiale Tradition des Glaubens an Kraft verloren haben. Sicher gab es auch in der jüngeren Tradition das Zeugnis, daß der Glaube das Leben fördert und eine einzigartige Hilfe zu dessen Gelingen darstellt. Elterliche Verantwortung wurde aber oft vor allem im Blick auf das ewige Seelenheil der Kinder und in diesem Zusammenhang verbunden mit Heilsangst vermittelt. Viel Treue zu kirchenamtlich erwartetem Verhalten war und ist z. T. bis heute in dieser Angst begründet. Es kann traurig machen, wie die Heilsangst von gestern in einen Heilsindifferentismus von heute umschlagt, in dem es sehr vielen Eltern nur noch relativ wichtig ist, ob ihre Kinder einen Weg in und mit der Glaubensgemeinschaft finden. Vielleicht liegt darin auch eine Ablösung von einer Elterngeneration, die durch Angst entmündigt wurde. Jedenfalls müssen sehr viele Eltern erst lernen, in ihren eigenen Erfahrungen mit dem Gott ihres Glaubens die Motive zu finden, die sie von Herzen wünschen lassen, daß auch ihre Kinder zu einer Glaubensgeschichte mit dem Gott ihrer Eltern finden mögen. Viele Eltern wollen nicht alle Brücken zu der kirchlichen Tradition, aus der sie kommen, abbrechen; aber sie ahnen die mögliche Bedeutung dieser Tradition für sich und ihre Kinder eher, als daß sie damit vertraut wären. Wenn dies so ist, ist es oft nicht die Schuld dieser Eltern.

b) Der Religionsunterricht

Stimmen, die vor allem vom Religionsunterricht verlangen, daß er Heranwachsende für die Welt des Glaubens gewinnt und in diese einführt, sind leiser geworden. Nicht mangelnde Gläubigkeit oder Kirchlichkeit der Lehrerinnen und Lehrer begrenzt die Möglichkeiten des Religionsunterrichtes, sondern der Lernort Schule. Dies gilt vor allem unter zwei Rücksichten:

(1) Die Schule in unserer Gesellschaft ist zwar auch ein Lebensort; aber er wird bestimmt durch die Rollen, in denen die Menschen an diesem Ort einander begegnen. Sicher gibt es Situationen, in denen Schüler im Lehrer nicht nur den Lehrer, sondern auch dessen Person wahrnehmen, und in denen Schüler im Mitschüler nicht nur den Konkurrierenden, sondern auch einen Mitmenschen mit seiner Freude und seinem Leid sehen. Aber die Möglichkeit, daß die Beteiligten einander nahekommen mit dem, was ihr Leben im Grunde trägt und bewegt, ist doch spürbar begrenzt. Und damit ist begrenzt die Möglichkeit des Zeugnisses und der Glaubensgemeinschaft.

(2) Auch wenn der Religionsunterricht offiziell Glieder einer sogar konfessionell begrenzten Glaubensgemeinschaft versammelt, bildet er doch keine Überzeugungsgemeinschaft. Oft kommt in ihm die ganze Breite des Spektrums möglicher Beziehungen der Menschen in unserer Gesellschaft zur Kirche zusammen. Grundsätzlich könnten gerade dadurch intensive Prozesse der Auseinandersetzung und dadurch der Identitätsförderung angeregt werden. Doch müssen die Erwartungen an das, was in einer

Schule für alle möglich ist, begrenzt werden in einer Gesellschaft, deren Erwachsenenwelt von Indifferentismus und verbreitetem Desinteresse an Grundfragen des Lebens und des Zusammenlebens gekennzeichnet ist.

Damit ist der Religionsunterricht in unserer heutigen Schule nicht sinn- und wirkungslos. Vom Religionsunterricht kann aber nicht verlangt werden, Glaubensvoraussetzungen für sakramentale Handlungen zu schaffen.

c) Pfarrei bzw. Gemeinde

Mit dem Wort „Pfarrei" verbinden wir eine Organisationsform der Kirche. Das Gebiet eines Bistums ist in Territorien aufgegliedert, die „Pfarreien" genannt werden. Jahrhunderte hindurch sind die Pfarreien auf den Pfarrer zentriert. Er feiert in ihnen die Heilige Messe, der die Bevölkerung in Andacht beizuwohnen hatte. Er versorgte die Christen seiner Pfarrei mit den übrigen Gnadenmitteln der Kirche. Er verkündete das Wort Gottes und die sittliche Ordnung der Kirche. Er sah sich verantwortlich für die Einführung der Heranwachsenden in das Mitleben mit der Kirche.

Mit dem Wort „Gemeinde" verbinden wir die Vorstellung, daß Menschen durch die Botschaft des Evangeliums zu einer Gemeinschaft von Schwestern und Brüdern zusammengerufen sind und miteinander den Glauben leben, bezeugen und feiern. Dabei hat jede und jeder eine ihr bzw. ihm durch den Geist für die Gemeinschaft gegebene Gabe und Aufgabe. Der Dienst der Einheit und der Leitung ist eine dieser Gaben.

Heute nennen wir unsere Pfarreien Gemeinden, und zugleich wissen wir, daß damit die Pfarreien noch nicht Gemeinden werden. Wir befinden uns vielmehr in einem mühseligen und wohl noch lange währenden Übergangsprozeß von der traditionellen Pfarrei zur zukunftsfähigen Gemeinde. An diesem Übergangsprozeß sind aktive Minderheiten aus den Pfarreien beteiligt und beginnen, die gesuchte Gemeinde zu bilden. Die große Mehrheit der Pfarreien ist an diesem Prozeß aber nicht beteiligt und bleibt ihm gegenüber mehr oder minder fremd. Bei den oft sehr seltenen Gelegenheiten, bei denen Menschen aus dieser Mehrheit Kontakt zur Kirche suchen, erwarten sie die traditionelle Versorgung durch den Pfarrer, wollen sie aber nicht die Glaubensgemeinschaft mit der Gemeinde. Sehr häufig können sie diese Gemeinschaft nicht wollen, weil sie diese noch gar nicht kennen. Hier sind dann also erst intensive Annäherungsprozesse erforderlich.

Seit etwa zwei Jahrzehnten tritt bei uns wieder stärker in das Bewußtsein, daß die Gemeinden Orte sein bzw. werden müssen, an denen Menschen an und mit Glaubenden das und den Glauben lernen können. So kam es zu vielerorts intensiven Bemühungen um die Gemeindekatechese. Die Erwartungen an diese Bemühungen sind in den letzten Jahren etwas nüchterner geworden. Dies hängt zum einen damit zusammen, daß sehr viele, die bei uns zur Gemeindekatechese zusammenkommen, zunächst überhaupt so mit Glaubenden zusammengeführt werden müssen, daß das Verlangen nach Glaubensgemeinschaft aufwachen kann. Sie brauchen also – wie unten näher zu erläutern sein wird – erste Schritte der Evangelisation, bevor ein katechetischer Kontakt mit ihnen fruchtbar werden kann. Zum anderen müssen wir zulassen, daß wir in der Gemeindekatechese zwar nicht selten Räume miteinander besprochenen, im Teilen von Freude und Leid miteinander gelebten und in der Liturgie dann auch miteinander gefeierten Glaubens gebildet haben. Damit wurden aber eher Sonderräume bzw. Nebenkapellen neben dem Normalleben bzw. dem Hauptraum der Gemeinde gebildet. Dieses aber hat seinen Grund darin, daß hinter der Gemeindekatechese eher Pfarreien statt Gemeinden stehen und daß in den Pfarreien kaum Räume bereitet sind, in denen Heranwachsende eine Zu-

kunft für ihren Glauben finden können. Diese Beobachtung führt vor die gar nicht so neue Einsicht, daß nicht aus
der Kinderkatechese von heute die lebendige Gemeinde
von morgen hervorgeht, sondern umgekehrt nur die lebendige Erwachsenengemeinde von heute ihren Kindern die
Möglichkeit eröffnet, morgen für Gottes weitere Geschichte mit den Menschen da zu sein.[2]

4. Der stärker werdende Leidensdruck

Bei vielen ehrenamtlichen Katechetinnen und Katecheten,
hauptamtlich in der Pastoral als Laien Tätigen und Priestern
verstärkt sich in diesen Jahren das Problembewußtsein angesichts unserer geläufigen Sakramentenpastoral. Einige
Leid verursachende Anteile in diesem Problembewußtsein
seien hier zunächst nur zur Feststellung unserer Situation
benannt:

a) Gefühl der Erfolglosigkeit

Es muß sehr schwer werden, in immer neue Taufgespräche
zu gehen, wenn man zunehmend erfahren muß, wie sehr
viele dieser Gespräche folgenlos bleiben. Es muß entmuti-
gen, wenn schon am Sonntag nach der feierlichen Erstkommunion den meisten Kindern das Geschenk der sakramentalen Christusgemeinschaft offenbar nicht mehr wichtig
ist. Es muß die Freude an katechetischer Mitarbeit unter-
wandern, wenn diejenigen, die in der Firmung das Zeichen
der vollkommeneren Eingliederung in die Kirche empfangen, sich damit aus aktualisierter Kirchengemeinschaft ver-
abschieden. Es muß traurig machen, wenn man Brautleuten
die Hilfe der Eucharistie für ihre Liebe zu erschließen
suchte und meinte, daß davon etwas aufgenommen wurde,
und dann doch erleben muß, daß es offenbar mehr um die

Feierlichkeit der Trauung als um eine Beziehung zur Gabe des Geistes in der Eucharistie ging.

Man kann hier einwenden, daß Erfolg eine problematische Kategorie für christliches und dann noch mehr für pastorales Handeln ist. Damit aber lassen sich die angedeuteten Erfahrungen nicht einfach abtrösten. Wenn Erwartungen, mit denen man sich pastoral bei Menschen engagiert, so oft enttäuscht werden, dann kann man auf die Dauer nicht mehr der Frage ausweichen, ob man falsche Erwartungen hat. In der Tat müssen wir wohl davon ausgehen, daß sehr vielen das, worum es in der Kirche und ihren Sakramenten geht, so fremd geworden ist, daß wir nicht erwarten dürfen, in einigen wenigen Gesprächskontakten vor der Taufe oder Trauung eine wirkliche Beziehung dazu ermöglichen zu können. Wir werden durch einen Elternabend oder auch durch eine ganze Reihe von ihnen vielen Eltern keine reale Chance zu einem Neuanfang in der Kirche als Eucharistiegemeinschaft geben können. Es ist offenbar unmöglich, in unserer Praxis der Firmkatechese allen darin erfaßten jungen Menschen zu ermöglichen, einen Platz in der Glaubensgemeinschaft zu suchen und zu finden. Was aber ist dann der Sinn der trotzdem mit so vielen gefeierten Sakramente?

b) Sorge um die Identität von Sakramenten

In dieser Frage geht es nicht zuletzt um die Verantwortung für die Identität des Sakramentes.[3] Diese Sorge kann schon begründet sein, wenn wenige sakramentale Handlungen für die zentral davon Betroffenen nicht mehr (oder noch nicht) das bedeuten, was in ihnen gefeiert wird. Doch war es nicht so sehr schwer, mit der einen oder anderen problematischen Taufe zu leben oder das eine oder andere Kind ohne Gottesdiensterfahrung zur Erstkommunion zu führen. Inzwischen haben sich die Relationen vielerorts fast umge-

kehrt. Es ist eher die Ausnahme geworden, wenn Eltern von
Täuflingen teilhaben am Leben der Gemeinde. Von zehn
Erstkommunionkindern ist oft nur mehr bei zweien zu hof-
fen, daß eine Geschichte eucharistischer Christusgemeinschaft beginnt und weitergeführt wird. So könnte man
fortfahren. Dabei geht es nicht um quantitative Veränderungen; es hat sich die Qualität der Situation verändert.
Und das heißt: Die Identität der sakramentalen Handlungen steht zur Entscheidung.

Bei der Identität der Sakramente geht es zugleich um die
Identität der Kirche, d. h. um die Treue der Kirche zu ihrer
Berufung und Sendung in der Welt. Am Beispiel der Ehe
trifft uns dies in unserer Situation unausweichlich. Was in
kirchlichen Trauungen geschieht, läßt sich gegenwärtig
nicht mehr verläßlich ausmachen. Das Spektrum reicht
von Trauungen, in denen Mann und Frau sich glaubend als
Zeichen der Liebe Christi füreinander in Dienst nehmen
lassen, über gutwillig und ernsthaft gesuchte, aber nur entfernt christliche Segenshandlungen bis hin zum Mißbrauch
der Kirche für eine nur feierliche Show. Wenn nun die vor
den kirchlichen Altären geschlossenen Ehen nicht weniger
zerbrechlich sind als die nur in den Standesämtern einge-
gangenen, dann wird die Berufung und Sendung der Ehe
von Christen verundeutlicht und die Kraft, die das Wort
des Evangeliums und die Feier der Eucharistie für die gelebte Ehe schenkt, verdeckt. In der Folge haben wir uns mit
dem Problem der Wiederverheiratung von Geschiedenen
herumzuschlagen. Dieses Problem ist oft ein Folgeproblem
einer Trauungspraxis, die vor der Frage ausweicht, ob und
wie sakramental denn all die Ehen werden, die da kirchlich
geschlossen werden.

c) Rollendiskrepanz

Für den Priester, von dem sakramentale Handlungen erwartet werden, kommt eine ihn in seinem Selbstbild betreffende Spannung hinzu. Viele Priester haben ein Verständnis ihres Amtes entwickelt, in dem sie sich als Träger eines Dienstes in der Gemeinde verstehen. Sakramentale Handlungen sind für sie – wie unten noch etwas näher auszuführen sein wird – Feiern der Gemeinde. Es kann für einen Priester mit diesem Selbstverständnis schon schwer sein, lediglich als „Verwalter der Sakramente" angegangen zu werden. Sofern die Bitte um das Sakrament aus einer aufrichtigen Beziehung zur Nähe Gottes im Sakrament kommt, wird der Priester trotzdem eine solche Bitte und in ihr unsere konkrete Situation des Überganges annehmen können. Der Konflikt spitzt sich aber schmerzhaft zu, wenn sich der Priester lediglich als „Religionsdiener" angegangen sieht. Gemeint sind damit Situationen, in denen Menschen eine religiöse Handlung wollen, die ihnen Schutz zusagt. Für nicht wenige Menschen ist ja Kirche – auch durch ihre Praxis – die Institution, an die man sich wenden kann, wenn es um Religion geht. Noch weiter entfernt von dem, was der Priester im Sakrament tun möchte, ist die Erwartung, er möge als „Zeremoniar" eine Familienfeier verschönen. Spätestens hier dürfte die Schmerzgrenze erreicht sein, an der es klar ist, daß der Priester diese Rollenübernahme nicht nur verweigern darf, sondern sogar muß. Vorher aber bleibt ein Feld, auf dem nicht immer sehr schnell und klar zu entscheiden ist, wie der Konflikt zwischen dem Selbstbild des Priesters und der Fremderwartung zu bearbeiten und zu lösen ist.

II. Urteilen: Perspektiven zur Orientierung

1. Die Sendung der Kirche in der Spannung zwischen Offenheit und Identität

Da nach einer Praxis der Sakramente im Zusammenhang der umfassenden Sendung der Kirche zu suchen ist, darf eine Orientierung der Sakramentenpastoral nicht eng bei den Sakramenten ansetzen. Sie muß sich einfügen in eine Vorstellung von der sakramentalen Sendung der Kirche in unserer Situation. Dabei ist die angesprochene Sorge um die Identität der Kirche in Spannung zu setzen mit der Sorge um die Offenheit der Kirche. Kirche kann offen sein auf Kosten ihrer Identität; sie kann auch identisch sein auf Kosten ihrer Offenheit. Dies ist auch wie folgt zu formulieren: Kirche ist nicht identisch, wenn sie nicht offen ist, und ihre Offenheit bewirkt nichts, wenn sie nicht identisch ist. Ein Blick auf die Praxis Jesu läßt den Grundauftrag der Kirche deutlich hervortreten.

a) Jesu Zuwendung zu allen und seine Sammlung der wenigen

Es kann keinen vernünftigen Zweifel daran geben, daß die Intention des Wirkens Jesu darauf gerichtet war, ganz Israel zur Umkehr auf das neue Nahekommen seines Gottes und Vaters hin zu rufen. Es ging Jesus um alle. Dabei begann seine Botschaft auch schon die Grenzen Israels zu sprengen; denn es sollte ja geschehen, daß alle Menschen und Völker an Israel erfahren, wie das Geheimnis allen Lebens auch alle an sich ziehen will, um alle und alles in sich zu vereinen. Dieser ihm vom Vater aufgetragenen Intention blieb Jesus treu bis in den Tod, den er noch am Vorabend seiner Passion als Hingabe „für alle" deutete. Wenn Jesus seinen Jüngern am Ende der Bergpredigt zumutet, vollkommen zu sein wie der himmlische Vater, dann meint hier Vollkommenheit, daß der Vater niemanden aus seinem Heilswillen ausgrenzt. An diesem grenzenlosen Wohlwollen Gottes sollen die Jünger teilhaben.

Zugleich bezeugen alle Evangelien, daß sich nicht alle der Botschaft Jesu öffneten. Es ließen sich nicht alle zu dem neuen Volk der Schwestern und Brüder Jesu sammeln. Jesu Zuwendung galt weiter allen; aber um der vielen willen begann er mit den wenigen, die seine Botschaft und darin ihn aufnahmen. Mit diesen bildete er die Gemeinschaft, die er beten und neu – vor allem ohne Herrschaft und in vergebender Güte – miteinander umgehen lehrte. Daß sich nicht alle ihm öffneten, bedeutete nicht, daß nichts Neues von Gott her unter den Menschen anfangen könnte. Jesus erzählte das Gleichnis vom Sauerteig. Da kann die kleine Menge das große Ganze verändern. Er sammelte wenige enger um sich, aber das tat er um der vielen willen.

Auch als Jesus den engeren Kreis der an seiner Sendung beteiligten Jüngergemeinde bildete, beschränkte er sich nicht auf diesen Kreis. Nicht nur, daß seine Botschaft weiter allen galt. Er hatte auch viele Begegnungen mit Menschen, denen er aufhalf, denen er vergab, die er heilte, und zwar ohne diese vielen Menschen in den Jüngerkreis zu rufen. Sie blieben in ihren normalen Lebenszusammenhängen mit der Erfahrung der Begegnung mit Gottes Heil in Jesus.

b) Kirche als Sakrament für die Welt

Um die in diesem Handeln Jesu gründende sakramentale Sendung der Kirche zu erinnern, ist immer zuerst an Jesus als den Sauerteig zu denken: der eine neue Mensch, der ganz offen vertraut war mit dem Willen Gottes, seines Vaters, und so friedenstiftende Beziehungen zu den Menschen aufnahm. In ihm wurde die neue Nähe Gottes unter uns Menschen sichtbar und greifbar, und davon ging eine erneuernde Kraft aus. Jesu Botschaft wurde zuerst in ihm „Fleisch", dann aber auch in der Gemeinschaft derer, die sich durch seine Nähe verändern ließen. Das hängt mit dem Inhalt seiner Botschaft zusammen. Gott nimmt eine neue Beziehung des Erbarmens zu den Menschen auf und stiftet so neue Beziehungen der Menschen untereinander. Diese Botschaft blieb nicht Theorie, sondern wurde Wirklichkeit. Um Jesus entstand eine neue Gemeinschaft von Menschen, die zwar nicht gleich eine heile Welt darstellten, wohl aber erfahrbar und sichtbar machten, wie sie durch Jesus aus der Kraft des Geistes den Frieden ihres Gottes miteinander teilen können und sollen. Der gewaltsame Tod Jesu ist nicht das Ende dieses Neuanfangs; im Gegenteil: Aus der friedenstiftenden Hingabe Jesu bis zum letzten empfingen die ersten Zeugen seiner Auferstehung die unbändige Kraft, allen zu bezeugen, wie Gott begonnen hat, alle und alles mit sich und untereinander zu versöhnen.

Sichtbar und greifbar wurde dies nicht in großen Zahlen, wohl aber darin, daß Menschen einander Schwestern und Brüder wurden, die vorher durch nationale, religiöse, soziale Schranken voneinander getrennt waren. Der Auferstandene war mit seinen Zeugen und gab ihnen Menschen, die sich von seinem Geist ergreifen ließen und miteinander an den vielen Orten der damaligen Welt Gemeinden bildeten. Diese vergegenwärtigten Gottes neue Nähe unter den Menschen in ihrem Lebensraum. Mochten diese Gemeinden auch noch so klein, ja kümmerlich sein, sie waren nun der Sauerteig, durch den Gott alles umwandeln will und wird. Wenn Jesu Handeln und das Wirken des Auferstandenen in den Gemeinden der ersten Christen für uns orientierend ist, dann haben wir uns darauf einzustellen, daß wir mit wenigen, evtl. sogar sehr wenigen Menschen Gottes neue Nähe für alle zu vergegenwärtigen haben. Die Kirche hat nicht die Verheißung, daß sich alle für die Teilhabe an der Sendung Jesu gewinnen lassen. Wohl hat sie die Zusage, daß der Geist durch alle Zeiten bis zum Ende hindurch Menschen ergreifen und ihr zuführen wird, damit das alle umfassende Wohlwollen Gottes in Gemeinschaften von Schwestern und Brüdern sichtbar und wirksam zur Darstellung kommt.

c) Allen gut tun und die Berufenen sammeln

In dieser Perspektive werden wir an eine doppelte Aufmerksamkeit kirchlicher Sendung erinnert. Allen Menschen in ihrer Lebenswelt schuldet die Gemeinde (nicht nur die Hauptamtlichen in ihr) das Zeugnis des Lebens und des Wortes. Es gibt die Gemeinde nicht um ihrer selbst willen, sondern damit dort, wo sie lebt, von Gott her die Armen, Kranken, Schwachen, Sünder, Zerstrittenen und Gefangenen Erfahrungen des Teilens, der Heilung, der Aufrichtung, der Vergebung, der Versöhnung und der Befreiung machen. Wo Menschen Begegnung mit der Kirche haben in einzelnen Christen oder Gruppen und Gemeinden von Christen und ihren Einrichtungen, soll dies ihnen gut tun. Und darin geschieht etwas von Gott her und ist seine Geschichte mit den Menschen gefördert, auch wenn diese nicht für das Mitleben mit der Kirche gewonnen werden. Pastorales Handeln im weiten Sinne dieses Wortes ist also nicht erst dort sinnvoll, wo es beiträgt zum Aufbau von Gemeinden. Jede Zuwendung zu den Menschen ist, wenn sie christliches

Tun ist, Teilhabe an der Sorge Gottes um die Menschen, und sie läßt andere nicht selten ahnen, daß da in der menschlichen Zuwendung ein gutes und gütiges Geheimnis im Grunde des Lebens sich zusagt und gibt.

Die andere Aufmerksamkeit muß der Sammlung der Menschen gelten, die vom Evangelium in die Teilhabe an der Sendung Jesu gerufen werden. Wohl in fast allen der uns aus unserem volkskirchlichen Erbe überkommenen Gemeinden sind einige (manchmal sogar viele), denen gegeben ist, christlich an Gott zu glauben. Sie lassen sich von Jesus die neue Nähe Gottes bei uns Menschen zusagen und geben; sie erfahren in sich das Wirken des Geistes, der sie zu Gott „Vater" beten und seine uns suchende Liebe in Jesus, seinem Sohn, erkennen läßt. Diese Christen gilt es zu sammeln. Sie müssen als Schwestern und Brüder zusammenfinden, um sich gegenseitig in ihrem von der mehr oder minder kalten Gleichgültigkeit der vielen bedrohten Glauben zu stärken und miteinander diesen Glauben zu leben und zu feiern. Vielleicht bleiben es oft nur sehr wenige, die diese Gemeinschaft des Glaubens suchen. Vielleicht werden es in einigen unserer noch bestehenden Gemeinden sogar zu wenige, so daß sie sich mit anderen aus anderen Gemeinden zusammentun müssen, um eine neue, lebensfähige Gemeinde zu bilden. Das wissen wir noch nicht. Was wir aber schon wissen, ist, daß wir uns in einem Umwandlungsprozeß befinden, in dem die zusammenfinden müssen, die die Berufung zum Glauben an Gottes Nahekommen in Jesus wirklich erreicht hat und die diese Berufung mit Schwestern und Brüdern teilen wollen.

Die Sammlung dieser möglicherweise wenigen ist kein Rückzug in ein Getto, wenn sie geschieht, um mit ihnen Jesu Zuwendung zu den vielen zu vergegenwärtigen. Die Sammlung der Berufenen darf nicht Abkehr von allen bedeuten. Sammlung in der Zerstreuung ist vielmehr darum notwendig, damit für alle gegenwärtig bleibt bzw. wird, was der Vater in der Gabe seines Sohnes getan hat und tut, um alle und alles an sich zu ziehen. Das kann nur vergegenwärtigt werden im Raum einer Gemeinschaft von Menschen, die davon ergriffen sind und sich gegenseitig stärken in ihrer gemeinsamen Sendung für die vielen. Ein kleines Beispiel kann dies veranschaulichen. Eine Gemeinde kann eine Freizeit für die vielen Kinder oder Jugendlichen unternehmen. Soll diese sich von irgendeiner Freizeit unterscheiden, dann müssen vorher einige zusammengefunden haben, die das Evangelium miteinander teilen und dann den vielen vielleicht etwas von dem Frieden vermitteln können, den sie im Glauben empfangen.

d) Sorge um Identität um der Sendung für die vielen willen

An dieser Stelle tritt deutlich hervor, daß Offenheit und Identität nicht Gegensätze sind, sondern Pole einer für die Kirche unaufgebbaren Lebensspannung. Die Gemeinde kann den Menschen ihrer Lebenswelt nur dann etwas von Gott her geben, wenn sie mit Gott verbunden lebt. Sie kann nur dann auf die vielen hin ermutigend-tröstend bzw. kritisch-widersprechend wirksam werden, wenn sie selbst falschem Leben widersteht und wahres Leben verwirklicht. Nach biblischen Erfahrungen wird dies sehr oft bedeuten, daß sich das Volk Gottes von der Lebenspraxis seiner Umgebung unterscheiden muß. Darin sind wir ziemlich ungeübt. Viele Jahrhunderte hindurch gingen die Christen bei uns davon aus, nicht eine Minderheit zu sein, die sich von einer Mehrheit zu unterscheiden hatte. Dabei kam es eher zu einer Anpassung an die die Gesellschaft prägenden Strukturen und Gewohnheiten. Es waren Minderheiten in der Kirche, die die Alternativen des Evangeliums einklagten und damit nicht selten in den Verdacht der Häresie gerieten. Wir müssen erst lernen, gemeinsam wieder danach zu suchen, was eine von verbreiteten falschen Gewohnheiten und Selbstverständlichkeiten abweichende christliche Lebensart meint. Und wir müssen erst lernen, die Gemeinde als den Raum wahrzunehmen, in dem sich Christen gegenseitig darin anregen und stützen. Eine Schwierigkeit ist, daß wir außerhalb der Kirche keineswegs nur falschem Leben begegnen. Oft genug beschämt uns die solidarische, engagierte und gütige Lebensweise von einzelnen Menschen und Menschengruppen, die nicht im Raum von christlicher Glaubensgemeinschaft beheimatet sind. Das Evangelium hat eine Wirkungsgeschichte, die weit über den gegenwärtigen Raum der Kirche hinausreicht. Wohl auch darum leben wir mit einzelnen Menschen und Menschengruppen, in denen das Licht gelebter Liebe und Hoffnung leuchtet. Gottes Geschichte mit den Menschen unserer Zeit ist nicht auf seine Geschichte mit uns Christen begrenzt.

Wir können und dürfen also nicht den Kontrast zu allen anderen suchen und leben. Wir müssen auch Ausschau danach halten, wo Gott auf seine oft verborgene Weise Menschen in seine Zukunft ruft und bei ihnen Aufnahme findet. Manchmal ist Gott in seiner Geschichte mit diesen Menschen weiter als mit uns. Wenn es z. B. um den Gewaltverzicht als Praxis der Beziehungen zwischen Ehepartnern und zwischen Eltern und Kindern geht, dann haben wir von Aufbrüchen des Geistes zu lernen, die ihren Ursprung nicht im liebenden Gehorsam von Christengemeinden gegenüber der Bergpredigt Jesu haben. Identität gewinnt die Gemeinde also nicht nur durch Unterscheidung (das auch), sondern auch durch ihre Solidarität mit all denen, in denen sie den Geist wirken sieht, der der Geist ihres Gottes ist (auch wenn er nicht als solcher erkannt wird). Hier bleibt der Gemeinde die besondere Berufung, das Wirken ihres Gottes auch an den „anderen" zu preisen und zu feiern und dadurch eine Hoffnung zu vergegenwärtigen, die die mit ihr durch den einen, wenn auch unerkannten Geist verbundenen „anderen" mittragen kann.

e) Zusammenfassung: Sympathische Pflege des volkskirchlichen Erbes und Sammlung zukunftsfähiger Gemeinden Jesu Christi

Zusammenfassend sei versucht, die gewonnene Orientierung im Blick auf die Aufgaben der Sakramentenpastoral zu formulieren. Biographische und familiale Anlässe lassen viele aus dem volkskirchlichen Erbe bei der Kirche (noch) etwas suchen. Dies muß positiv als Chance eines Austausches mit ihnen angesehen werden. Dieser Austausch ist davon belastet, daß die vielen von der Kirche Sakramente wollen, also Handlungen, die – wie später deutlich zu machen ist –, keine angemessenen Kommunikationsformen für Sympathisanten darstellen. Dies darf aber nicht ausschließen, daß Menschen in der Begegnung mit kirchlichen Christen erfahren, wie sie mit ihren Freuden und Nöten, Hoffnungen und Ängsten angenommen sind und darum Mitleid und Mitfreude finden. Auch wenn es in diesem Austausch mit den vielen in unserer Gesellschaft nicht dazu kommt, daß sie sich dem Wort des Evangeliums öffnen und sogar neuen Zugang zur Glaubensgemeinschaft suchen, geschieht dort doch viel mehr als nichts. Gott, der seine Geschichte mit jedem Menschen hat, kann in jeder Begegnung, die – wenn auch nur in Spuren – seine werbende Zuwendung vergegenwärtigt, ermutigend und tröstend oder auch kritisch reinigend und heilend da sein. Daß wir mit vielen nicht den Weg bis hin zu erneuerter Glaubensgemeinschaft gehen können, darf uns nicht daran hindern, doch etwas auf ihrem Weg bei ihnen zu sein und ihnen das für ihren Weg mitzugeben, was sie annehmen können. Eine Praxis, die von den Menschen nur unfreundlich, abstoßend oder gar verletzend erfahren wird, kann nicht deren Geschichte mit Gott dienen. Etwas anderes ist eine Praxis, die kritisch in Frage stellt, aufrichtige Sprache und konsequentes Verhalten sucht und die Kluft zwischen dem Selbstverständnis von Gemeinde und Amtsträger einerseits und falschen Erwartungen an deren sakramentale Feiern andererseits bearbeitet. Damit ist noch kein konkreter Weg der Sakramentenpastoral beschrieben, aber doch etwas für die Suche nach diesem Weg gewonnen.

Die sympathische Pflege des volkskirchlichen Erbes darf nicht die einzige Intention der Sakramentenpastoral sein. Dabei würde die Verwaltung einer langsam, aber sicher vergehenden kirchlichen Vergangenheit herauskommen. Ein Pfarrer formulierte es einmal so, daß er sich weigere, lediglich ein Erbe zu pflegen, das immer kleiner werde, bis da nichts mehr zu pflegen sei. „Und der Letzte macht das Licht aus." Ebenso bedrängend ist die Aussicht, auf eine Hauptamtlichen-Kirche zuzugehen, die zwar als Institution finanziell gesichert dasteht, aber außer ihren geweihten und ungeweihten Angestellten keine Träger ihrer Sendung, sondern nur noch Konsumenten ihrer Angebote hat. Auf eine solche Kirche aber würde wohl eine Praxis hinauslaufen, die unkritisch den Erwartungen junger Erwachsener entspricht, wie sie A. Feige feststellte[4]. Es ist darauf zu achten, wie die verbindliche Seite bei den Gegenüberstellungen nur negativ formuliert wird:

– Begleitung ohne doktrinären Herrschaftsanspruch

– Tröstung ohne versteckte Drohung

– Bestätigung des Menschen statt permanenter Verunsicherung bei dem Bedürfnis nach menschlicher Lebenslust

– Praktizierung von Alltagswahrhaftigkeit statt Abforderung umfassender Gelöbnisse und fundamentaler Bekenntnisse

– Respektierung des persönlichen Freiheits- und Entscheidungsspielraums bei gleichzeitiger Nutzung von Veranstaltungen, die Gemeinschaft, Gruppenleben und Geborgenheit anbieten, aber nicht aufdrängen.

Die Sakramentenpastoral darf nicht nur auf die (noch) vielen gerichtet sein. Gerade weil sie nicht viele oder gar alle aus dem volkskirchlichen Erbe als Träger kirchlichen Lebens gewinnen kann, muß sie Zeit und Kraft haben für die wenigen, die vom Evangelium wirklich ergriffen sind und für Gottes Geschichte mit den Menschen verfügbar sein wollen. Man kann die damit in den Blick genommene Pastoral im Unterschied zur traditionellen Erfassungspastoral „Berufungspastoral" nennen. Gemeint ist damit eine Pastoral, die dankbar die in die Gemeinschaft des Glaubens Berufenen fördert und auch andere, die noch gar nicht vor die Frage kamen, wozu sie sich durch das Evangelium in ihrem Herzen berufen erfahren, vor diese Frage stellt.

2. Die Frage gestufter Kirchenzugehörigkeit

In einem unmittelbaren Zusammenhang mit der Spannung zwischen Offenheit und Identität der Kirche steht die Frage gestufter Kirchenzugehörigkeit. Selbstverständlich gehört zur Identität einer Überzeugungsgemeinschaft, daß man sagen kann, wer dazugehört, aber auch, wer nicht dazugehört. Die Grenzen können nicht einfach fließend sein. Die Grenzen können aber nicht nur unterschiedlich eng oder weit, sondern auch gestuft sein in dem Sinne, daß es zwischen voller und gar keiner Teilhabe an dem Lebensentwurf und der Lebenspraxis der Gemeinschaft einen Plural unterschiedlichen Teilhabens geben kann.

a) Das Faktum gestufter Teilhabe am Leben der Kirche

Hier seien zunächst einige Beobachtungen zusammengetragen, wie sich faktisch die Teilhabe am Leben der Kirche sehr unterschiedlich gestuft gestalten kann. Anschließend ist darüber theologisch nachzudenken. Im Blick auf die Tradition der Volkskirche ist nicht zu übersehen, daß sich Menschen der Kirche sehr unterschiedlich eng verbunden erfuhren, obwohl sie alle grundsätzlich dazu gehörten. Sichtbar wurde dies etwa an den Plätzen, die sie bei der Versammlung einnahmen – angefangen von der ersten Reihe mit den Ordensschwestern bis zu den Knechten im Nebenschiff oder der Gruppe der der elterlichen Autorität entwachsenen Jugendlichen am Weihwasserbecken. Die Bedeutung dieser Stufung wird bewußt, wenn wir heute deutlicher als früher sehen, wie zentral die Teilhabe am Leben der Kirche in der Teilhabe an der Hingabe des Herrn in der Eucharistie besteht. Einige wenige kommunizierten täglich, etwas mehr am Sonntag, zahlreichere zu den großen Festen und im Zusammenhang mit Ablaßterminen, viele immerhin zur österlichen Zeit. Aber auch da fanden nicht alle zur Mitte der Kirche – oft weil sie sich allein aufgrund ihrer Lebenssituation nicht trauten. Damit ist nur angedeutet, daß es sehr problematisch war, wie sich die Menschen durch ihre Erfahrungen mit der Kirche eingestuft erfuhren. Dies ist hier nicht zu erörtern.

Heute lassen sich die Abstufungen etwas anders beobachten. Da gibt es Christen, die meinen, durch eine alltägliche Lebenspraxis aus dem, was sie vom Evangelium verstanden haben, zur Kirche zu gehören. Da gibt es Christen, die selten oder sehr selten Gottesdienstgemeinschaft mit der Kirche suchen, sich dadurch aber der Kirche nicht nur fern, sondern auch verbunden erfahren. Da gibt es Christen, denen die Gottesdienstgemeinschaft nichts gibt, die aber in einer Gruppe der Gemeinde mittun – etwa in einem Dienst

am Nächsten oder in der Pflege mitmenschlicher Gemeinschaft. Ziemlich weit verbreitet ist eine relativ enge Teilhabe an der Kirche in der Kindheit und Jugend, die als mehr
oder minder gute Erinnerung in das Erwachsenenleben mit-
geht und so auch für die eigenen Kinder gewünscht wird.
Die Stufungen der Teilhabe am kirchlichen Leben sind
differenzierter als die Stufen, die die Soziologie sonst für
flächendeckende Großinstitutionen in unserer Gesellschaft
beschreibt: (1) hauptamtlich Tätige; (2) vor allem mit diesen Interagierende (also Leute, die mit den Hauptamtlichen
bzw. mit denen die Hauptamtlichen zu tun haben);
(3) sympathisierend die Institution Mittragende.

b) Aussagen der Kirchenkonstitution des II. Vaticanums

Zu fragen ist, ob unter theologischer Rücksicht eine positive Beziehung zu der faktisch gestuften Kirchlichkeit vieler Menschen in unserer Situation aufzubauen oder ob das
Faktum nur negativ als ein zu überwindendes Defizit anzusehen ist. Die Frage läßt sich auch so formulieren: Darf die
Kirche dulden, daß Menschen etwas, aber nicht ganz zu ihr
gehören wollen? Die Anbindung dieser Frage an die Sakramentenpastoral sei später angegangen. Hier geht es zunächst nur um eine Würdigung des Faktums, daß wir im
Zusammenhang der Sakramentenpastoral vielen Menschen
begegnen, die etwas, aber nicht ganz am kirchlichen Leben
teilhaben wollen.

Ein Blick auf die Kirchenkonstitution des II. Vaticanums
kann weiterhelfen. Dort werden die Grenzen der Kirche
nicht starr beschrieben. So ist z. B. im Blick auf die katholischen Christen von „Einverleibtsein" die Rede. Die nicht
katholischen Christen werden als der Kirche „verbunden"
beschrieben. Bei Nichtchristen wird auf die Möglichkeit
verwiesen, daß sie auf die Kirche „hingeordnet" sind. Damit
wird zumindest so etwas wie ein „Alles-oder-Nichts" in der

Beziehung zwischen der Kirche und den Menschen abgewehrt. Hinzu kommt der Hinweis in der Konstitution, daß auch im Blick auf katholische Christen bei ihrer Zugehörigkeit zur Kirche die innerlich-geistliche Ebene von der der sichtbaren Zugehörigkeit zu unterscheiden ist. Das heißt z. B., daß ein Mensch zwar auf der Ebene dessen, was sichtbar ist, intensive Kirchengemeinschaft haben, sich aber dem Wirken des Geistes verweigern und so von der Gemeinschaft getrennt sein kann. Umgekehrt kann ein Mensch sensibel den Anregungen des Geistes in seinem Herzen folgen und so zuinnerst mit der Kirche als Raum des Geistes verbunden sein, obwohl ihm die Kirche als Institution mit ihren Ämtern und ihren Sakramenten fremd bleibt. So ist eine Sicht von Kirche begründet, die nicht als fest ummauert gedacht wird, sondern als eine Gemeinschaft, die nicht nur in sich zusammengehört, sondern auf gestufte Weise auch Gemeinschaft mit einzelnen und Gruppen pflegt, die Gemeinschaft mit ihr suchen, also irgendwie, aber nicht ganz dazu gehören wollen. Die pastorale Sorge muß zwar darauf gerichtet sein, die Menschen enger mit der Glaubensgemeinschaft zu verbinden; dies schließt aber nicht aus, positiv die Beziehungen aufzunehmen, die Menschen mit der Kirche suchen.

c) Pastoral des Weges und Pastoral der Gastfreundschaft

Weiter unten wird zu fragen sein, welcher Wille zur Gemeinschaft mit der Kirche für sinnvolle sakramentale Feiern zu erwarten ist. Hier ist zunächst festzuhalten, daß eine Pastoral des Weges bzw. der Wegbegleitung zu ergänzen ist durch eine Pastoral der Gastfreundschaft. Eine Pastoral des Weges will Menschen auf ihrem Glaubensweg begleiten, meint dabei aber mehr oder minder ausdrücklich, daß dieser Weg früher oder später zur vollen Communio mit der Kirche führt. Relativ selten wird gefragt, wie wir mit den Menschen umgehen können und sollen, die sich der Kirche nur etwas, aber nicht ganz annähern wollen, die sich also – nicht nur im Bild gesprochen – im Kircheneingang oder hinter einem Pfeiler oder in einer Nebenkapelle oder gar in der Werkstatt oder Bar des Gemeindehauses wohler fühlen als auf der Altarinsel. Wenn wir dieses Verhalten als nicht nur defizitär ansehen, also nicht nur meinen, wir müßten diese Menschen in die Mitte führen oder gar zerren, dann öffnet sich die Möglichkeit einer Pastoral der Gastfreundschaft, in der wir den Menschen dankbar den Raum bei uns geben, den sie bei uns suchen. Auch diese Perspektive kann nur ein Beitrag unter anderen in der Suche nach Lösung der im Zusammenhang der Sakramentenpastoral erlittenen Konflikte sein.

d) Wer baut und gestaltet das offene und gastfreundliche Haus mit?

Wohl der meistzitierte Satz der bundesdeutschen Synode steht im Beschluß „Die pastoralen Dienste der Gemeinde" und lautet: „Aus einer Gemeinde, die sich pastoral versorgen läßt, muß eine Gemeinde werden, die ihr Leben im gemeinsamen Dienst aller und in unübertragbarer Eigenverantwortung jedes einzelnen gestaltet." (1.3.2) Dieser Satz formuliert eine Illusion, wenn er so verstanden wird, als könnten alle, die sich in volkskirchlicher Zeit versorgen ließen, gewonnen werden für die Mitverantwortung und Mitgestaltung der Glaubensgemeinschaft in der Gemeinde. Wahrscheinlich ist die aktive Beteiligung aller an der Verantwortung für die Gemeinschaft nicht möglich bei so großen Gemeinschaften, wie es die Kirchen in unserer Gesellschaft sind. Nur in kleineren Gemeinschaften kann „jeder einzelne" die Erfahrung machen, mit seiner Gabe anerkannt und gebraucht zu werden.

In fast allen Pfarreien leben Menschen, die sich mit den

Hauptamtlichen mitsorgen und die Gemeinde bilden, von der erwartet wird, daß sie offen und gastfreundlich mit den Menschen der Pfarrei und darüber hinaus umgehen. Im Dienste von Kindern und Jugendlichen sind sogar viele dieser aktiven Minderheit in der Sakramentenpastoral (Erstkommunion und Firmung) engagiert beteiligt. Die Bereitschaft zur Offenheit und Gastfreundschaft wird allerdings dort behindert, wo diejenigen, die das offene und gastfreundliche Haus der Gemeinde mittragen, eine sehr kleine Minderheit werden. Es kann dann geschehen, daß das Haus nicht mehr von der kleinen identischen Minderheit, sondern von der großen Mehrheit der gelegentlichen Gäste geprägt wird. So wird z. B. diese Mehrheit bei der Liturgie am Heiligen Abend des Weihnachtsfestes vielerorts so groß, daß kaum mehr die Erfahrung miteinander geteilter Freude am Nahekommen unseres Gottes möglich ist. Oder in mancher pfarrlichen Gruppe von Jugendlichen (auch der bei der Firmkatechese) bilden diejenigen, die eine Förderung ihrer Glaubensgeschichte suchen, eine ähnliche kleine Minderheit wie an anderen Orten unserer Gesellschaft. Offenheit und Gastfreundschaft werden in solchen Situationen zur Bedrohung der Identität.

Aus dieser Erfahrung heraus ist für viele hauptamtliche und ehrenamtliche Mitarbeiter in der Sakramentenpastoral die Suche nach einer Neuorientierung immer dringlicher. Sie sehen die reale Gefahr, daß Haltungen oder Verhaltensweisen einer begrenzten oder sogar ziemlich distanzierten Kirchlichkeit zur Normalität werden und gar nicht mehr vermittelbar bleibt, in welchen Lebenszusammenhang das Evangelium die Menschen ruft. Am Ende stünde dann tatsächlich eine Hauptamtlichen-Kirche. Offenheit und Gastfreundschaft setzt voraus, daß eine Gemeinde im gegenseitigen Dienst ihrer vielfältigen Begabungen in sich lebt. Diese Gemeinde muß nicht groß sein; aber in ihr muß die Überzeugung miteinander geteilt werden, daß aktualisierte

Glaubensgemeinschaft der Raum ist, in den Taufe und Firmung eingliedern und in dem die Feier der Eucharistie ihren Ort hat. Es muß die Frage zugelassen werden, ob es Formen kirchlich-gemeindlicher Offenheit und Gastfreundschaft – nicht nur in der Sakramentenpastoral – gibt, in denen diese Überzeugung gefährdet oder gar im Laufe der Zeit unterwandert wird.

3. Orientierung an Elementen der Theologie der Sakramente

a) Die Sakramente im Prozeß der Evangelisierung

Die auf der Ebene der Weltkirche in der Bischofsynode 1974 ausgetauschten Überlegungen über die Evangelisierung, die in dem Apostolischen Schreiben Papst Pauls VI. „Evangelii Nuntiandi" (im folgenden EN abgekürzt) Eingang fanden, wurden in der Kirche Deutschlands zunächst kaum beachtet. Inzwischen beginnt es sich herumzusprechen, daß wir gerade angesichts der krisenhaften Erfahrungen in der Sakramentenpastoral die in diesem Schreiben behandelte Frage neu zu bedenken haben, an welcher Stelle eines Weges zum Glauben die Feier der Sakramente gehört. Dies sei hier kurz vergegenwärtigt.

(1) Vorrangige Bedeutung des gelebten Zeugnisses

Am Anfang des Weges der Evangelisierung steht das Zeugnis. „Das geschieht z. B., wenn ein einzelner Christ oder eine Gruppe von Christen inmitten der menschlichen Gemeinschaft, in der sie leben, ihre Verständnis- und Annahmebereitschaft, ihre Lebens- und Schicksalsgemeinschaft mit den anderen, ihre Solidarität mit den Anstrengungen aller für alles, was edel und gut ist, zum Ausdruck bringen. Ferner auch dadurch, daß sie auf ganz einfache und spontane Weise ihren Glauben in Werte bekunden, die über den allgemein gängigen Werten stehen, und ihre Hoffnung in etwas, das man nicht sieht und von dem man nicht einmal zu träumen wagt" (EN 21). Unter denen, die dieses Zeugnis brauchen, nennt das Apostolische Schreiben ausdrücklich Getaufte, die nicht praktizieren, und Menschen, die zwar in christlichen Ländern, aber keineswegs nach christlichen Grundsätzen leben.

(2) Notwendigkeit einer ausdrücklichen Verkündigung

Das Lebenszeugnis muß erklärt und begründet und durch eine klare und eindeutige Verkündigung des Herrn Jesus Christus entfaltet werden. Leider enthält das Apostolische Schreiben hier wenig Anregungen, wie mit dem Lebens- und auch das Wortzeugnis einherzugehen hat. Mit dem Hinweis auf Kerygma, Predigt und Katechese lenkt es bei vielen die Aufmerksamkeit sogar etwas einseitig auf amtliche Verkündigung. (Außerdem gehört die Katechese vom eigentlichen Wortsinn her in die Vorbereitung auf die Eingliederung in die Kirche.)

(3) Zustimmung des Herzens, sichtbarer Eintritt in eine Gemeinschaft von Gläubigen und Feier der Sakramente

Der Weg in die Gemeinschaft des Glaubens beginnt mit der „Zustimmung zu dem Reich, d.h. zur ‚neuen Welt', zum neuen Zustand der Dinge, zur neuen Weise des Seins, des Lebens, des Zusammenlebens, die das Evangelium eröffnet" (EN 23). Schon diese Formulierung ist wichtig für die Frage, welcher Glaube für die sinnvolle Feier eines Sakramentes vorauszusetzen ist. Dies gilt noch mehr für die folgende Aussage, daß die Zustimmung nicht abstrakt und körperlos bleiben kann, sondern sich konkret durch einen sichtbaren Eintritt in eine Gemeinschaft von Gläubigen offenbaren muß. Die Sakramente werden dann als die Zeichen der Kirche in diesem Prozeß angesehen, „die diese Zustimmung durch die Gnade, die sie vermitteln, bezeugen und bekräftigen" (ebd.). Alles hängt also an der Zustimmung, die sichtbar wird durch die Aufnahme konkreter Glaubensgemeinschaft.

(4) Anstoß zu neuem Apostolat

Ob jemand, der so zur Glaubensgemeinschaft fand, nun seinerseits Träger der Botschaft des Evangeliums wird, „ist der Wahrheitstest, die Probe der Echtheit der Evangelisierung: Es ist undenkbar, daß ein Mensch das Wort Gottes annimmt und in das Reich eintritt, ohne auch von sich aus Zeugnis zu geben und dieses Wort zu verkünden" (EN 24).

Dieser Blick auf den Ort der Sakramente im Evangelisierungsprozeß ermöglicht eine Reihe fundamentaler Orientierungen in der gegenwärtigen Auseinandersetzung um die Sakramentenpastoral. Eine erste betrifft die Bedeutung von sogenannter Erstverkündigung. Es mehren sich die Stimmen, die die Identität sakramentaler Feiern vor allem über die Einführung von vorgeschalteten Katechumenaten zurückgewinnen und sichern wollen. Dafür gibt es gute Argumente. Dennoch genügt diese Suchbewegung allein nicht angesichts der meistens gegebenen Problemlage. Ein Katechumenat setzt voraus, daß jemand in seinem Herzen dem Evangelium zustimmt und aus dieser Zustimmung heraus erstmals oder neu Anschluß an die Glaubensgemeinschaft sucht. In der Sakramentenpastoral aber begegnen wir sehr häufig Menschen, die die Differenz zwischen dem, was sie im Sakrament von der Kirche erwarten, und dem, was die Sakramente feiern sollen, nicht wahrnehmen. Um motiviert zu sein, sich auf einen katechumenalen Weg in die Glaubensgemeinschaft einzulassen, müssen sie zunächst dem, was die Sakramente feiern, im Lebens- und Wortzeugnis von einzelnen Christen oder christlichen Gruppen so begegnen, daß es nach ihren Herzen greift und in ihnen das Verlangen erweckt, Gemeinschaft zu bekommen mit dieser faszinierenden neuen Lebensweise. Ein Katechumenat hat nur Sinn, wenn die Menschen in ihm mit angefangenem Glauben Teilhabe am Glauben, an seiner Praxis und an seiner Feier suchen. Das erste in der Begegnung mit Gemeindefremden in der Sakramentenpastoral kann darum nicht die Verordnung eines Katechumenates sein. Zuerst ist ein Austausch erforderlich über die Frage, wie und wo sie christlichem Leben und christlicher Gemeinschaft bisher begegnet sind und warum sie davon nicht angezogen wurden. Vielleicht kann sich von diesem Austausch, in dem die Gründe für die Gemeindefremdheit auch in der mangelnden Erfahrung mit überzeugender christlicher Praxis gesucht werden, ein Weg öffnen für einen weiteren Austausch.

b) Sakramente als Glaubenszeichen

Die Aussagen von EN können helfen, die Glaubensvoraussetzungen sakramentaler Feiern zu klären. Es sei erinnert, wie die bundesdeutsche Synode den Zusammenhang von Glaube und Sakrament formuliert: „Der glaubend sich hingebende Mensch begegnet dem sich gnadenhaft hingebenden Gott und wird dadurch heil. So sind die Sakramente Zeichen des Glaubens in zweifacher Hinsicht: Der gläubige Mensch bezeugt in ihrem Empfang seinen Glauben an die wirksame Hilfe Gottes; durch dieses Wirken Gottes wird ihm gleichzeitig Glaube geschenkt und bestärkt." (Schwerpunkte gegenwärtiger Sakramentenpastoral A) Mit diesen Sätzen wird eine Sicht der Sakramente als Gnadenmittel überwunden, bei der die Gnade fast wie eine heilige Sache mißverstanden werden konnte und wohl auch oft wurde. Sakramente haben ihren Ort in der personalen Begegnung zwischen Gott und dem Menschen. Der Mensch bezeugt in ihnen, daß er von Gott ergriffen ist und die Beziehung zu ihm sucht, und so ergreift Gott den glaubenden Menschen und stärkt in ihm den Glauben. Das Geschehen wird analog gesehen wie zwischenmenschliche Begegnungen, in denen Menschen eine Beziehung zueinander sichtbar machen (in einem Gespräch und einer Ausdruckshandlung von Liebe und Zuneigung) und wo dadurch diese Beziehung gestärkt und weitergeführt wird.

In vielen Auseinandersetzungen über eine Neuorientierung der Sakramentenpastoral wird von der einen Seite gefordert, daß wir nicht weiter Sakramente mit Nichtglaubenden feiern dürfen, während von der anderen Seite eingewandt wird, wir könnten und dürften den Glauben von Menschen nicht beurteilen und Gott könnte auch einem sehr schwachen und anfänglichen Glauben entgegenkommen. Hier führt nur weiter, wenn das Wort „Glaube" differenziert wird.

Hingabeglaube

Die Formulierung der Synode verbindet mit Glaube die Haltung der Hingabe. Nichts ist für die Beziehung eines Menschen zu Gott als dem Geheimnis seines Lebens so entscheidend wie diese Haltung und Praxis der Hingabe. Gemeint ist damit, ob und wie ein Mensch sich auf die guten und besten, ihm vom Geiste eingegebenen Regungen seines Herzens einläßt und so sich öffnet für Gottes Geschichte mit seinem Leben. Ein solcher Hingabeglaube wird allen Menschen in der Geschichte mit Gott, die jedes Menschenleben ist, durch die Barmherzigkeit Gottes ermöglicht. Über diesen Hingabeglauben von Christen und Nichtchristen steht keinem Menschen ein Urteil zu. Nicht einmal meinen eigenen Hingabeglauben kann ich beurteilen. Hier kann ein Mensch nur beten „Ich glaube" im Sinne von „Dir, meinem Gott, will ich gehören im Leben und im Tode" und hinzufügen „Hilf meinem Unglauben" im Sinne von „Laß mich meine Verweigerung Dir gegenüber wahrnehmen und überwinden".

Bekenntnisglaube

Der Hingabeglaube muß nicht christlicher Glaube an Gott sein. Anders ist es mit dem Bekenntnisglauben. In ihm sagt ein Mensch aus, wo und wie er Gott als dem Geheimnis seines Lebens begegnet ist und wo er die Gemeinschaft mit diesem seinem Gott suchen will. Die Sakramente sind nicht Feiern eines Hingabeglaubens, bei dem offen bleibt, wo und wie ein Mensch den Gott seines Lebens und Sterbens begegnet ist. Dies wird zum einen deutlich in der Praxis, daß vor der Feier der Sakramente das Glaubensbekenntnis steht. Zum anderen sind die Sakramente Symbolhandlungen, die in Worten gedeutet werden und damit einen bestimmten Lebensentwurf darstellen. Sakramente haben nur Sinn, wo Menschen diesem bestimmten Lebensentwurf zustimmen und ihn für sich suchen. Dies aber kann in einem Austausch geklärt und von einem Gesprächspartner festgestellt werden.

Kirchlich-gemeindlicher Glaube

Warum kann EN noch weiter gehen und unter dem Wort „Zustimmung" sagen, daß Glaube sichtbar werden muß im Anschluß an eine konkrete christliche Glaubensgemeinschaft? Der entscheidende Grund ist der, daß das Evangelium Jesu Christi die Menschen in eine neue Beziehung zu Gott als ihrem Vater und darin auch in eine neue Beziehung zu Mitmenschen und Mitglaubenden als Schwestern und Brüdern ruft. Beide Beziehungen sind nicht voneinander zu trennen. Wer sich auf den Gott des Evangeliums Jesu Christi einläßt, muß dies sichtbar machen in der Gemeinschaft mit anderen, die vom Evangelium ergriffen sind. Dieser Glaube kann von anderen erkannt werden. Noch einmal: Wo ein Mensch diesen Glauben nicht zeigt, darf kein Urteil gefällt werden, wie er sich dem Gott seines Lebens hingibt oder verweigert. Es kann aber gesehen und besprochen werden, warum ein Mensch keine Glaubensgemeinschaft mit konkreten Schwestern und Brüdern sucht.

Hier wäre die traditionelle Rede vom „Praktizieren" zu überwinden. Oft ist damit lediglich der sonntägliche Meßbesuch gemeint, der zwar Ausdruck von Glaubensgemeinschaft sein kann, es aber nicht sein muß, und noch nichts darüber sagt, ob und wie sich ein Mensch auf Mitleid und Mitfreude mit Schwestern und Brüdern einläßt. Es ist deutlicher, wenn wir als Voraussetzung für sakramentale Feiern von der Aufnahme und Pflege von Glaubensgemeinschaft sprechen und dabei klären, daß es nicht um abstrakte Gemeinschaft mit einer abstrakt bleibenden Kirche geht, sondern um konkrete Gemeinschaft mit Schwestern und Brüdern in einer konkreten sozialen Wirklichkeit. Diese kann sehr unterschiedliche Gestalt haben, wird aber immer ermöglichen müssen, daß Menschen einander mit Freude und Leid nahekommen, einander leben helfen und sich gegenseitig im Glauben stärken.

Wenn hier Bekenntnisglaube und Glaubensgemeinschaft als Voraussetzung für die Sakramente reklamiert werden, schließt dies die unten zu stellende Frage nach möglichen Zeichen für den Hingabeglauben von Menschen in ihren Lebenssituationen nicht aus. Christen können mit anderen durchaus ihren Hingabeglauben begehen und feiern; nur müssen die dafür geeigneten Zeichen und Worte gefunden werden.

c) Sakramente als Symbolhandlungen in Überzeugungsgemeinschaft

Sakramente können mißverstanden und mißbraucht werden als neutrale Riten, in denen alles, wofür der Mensch Schutz und Hilfe sucht, gesegnet wird. Diese Gefahr ist vor allem dort gegeben, wo Kirche nicht mehr zuerst als eine Glaubensgemeinschaft, sondern als die religiöse Institution der Gesellschaft gesehen wird. Der Priester ist dann nicht mehr Amtsträger in der Gemeinde, sondern ein Religionsdiener, der zuständig ist, wenn man das „Verlangen nach Religion" hat. Dieses Verlangen kann durchaus einer tiefen Sehnsucht entspringen, und es ist dann zu bedenken, wie wir ihm entsprechen können und sollen. Es muß aber deutlich bleiben, daß die Sakramente nicht beliebig interpretierbare religiöse Handlungen sind.

Gerade auf dem Hintergrund der Identitätskrise der Sakramente wird uns bewußter als früher, daß die Sakramente in Symbolen ausdrücken, vergegenwärtigen und stärken, wer wir als christliche Glaubensgemeinschaften sind. In fast allen Kulturen läßt sich beobachten, daß Überzeugungen, die den gemeinsamen Lebensgrund betreffen, nicht nur mit dem Mittel der Sprache dargestellt und geteilt werden. Man versammelt sich vielmehr auch zu Symbolhandlungen, in die der Mensch mit seiner leibhaftigen Wirklichkeit einbezogen wird und mit den anderen in der Versammlung Gemeinschaft der Überzeugung aufnimmt und pflegt. Darum spricht man von „kommunikativen Symbolhandlungen". In ihnen geht es um die Identität der jeweiligen Überzeugungsgemeinschaft.

Dies kann hier nicht ausführlich an allen Sakramenten der Kirche erläutert werden, sei aber wenigstens kurz angeschaut am Beispiel der Eucharistie. In ihr wird – getragen vom Wort der Verkündigung – dargestellt, wie die Gemeinde in der Gemeinschaft der Kirche aus der Hingabe Jesu bis in den Tod lebt. Wenn die Versammelten sich diese Hingabe Jesu in Brot und Wein schenken lassen, lassen sie sich einbeziehen in Jesu Hingabe an den Vater im Dienst an den Schwestern und Brüdern. Sie drücken ihr Verlangen und ihre Bereitschaft aus, sich vom Geist Jesu erfüllen zu lassen und so Gott zur Verfügung zu stehen für seinen Willen, alle und alles mit sich und untereinander zu vereinen. Die eucharistische Tischgemeinschaft begründet versöhnende und teilende Solidarität zunächst innerhalb der Gemeinde und der Kirche, dann aber auch mit allen Menschen, denen die Christen und ihre Gemeinschaften ein Zeichen der neuen, alles zusammenführenden Nähe Gottes sein können und sollen. Wie sehr es hier um das geht, was die Gemeinde ist und sein soll, bringt Augustinus in seiner Einladung zur Kommunion zum Ausdruck: „Empfangt, was ihr seid: der Leib Christi, damit ihr werdet, was ihr empfangt: der Leib Christi." Eine verbindlichere Handlung ist undenkbar. Wo sie dennoch unverbindlich vollzogen wird, wird sie ihres Sinnes beraubt und verliert sie die Kraft, die Gemeinde als Gemeinde Jesu Christi aufzubauen. (Es ist hier nicht möglich, wäre aber wichtig, diese Perspektive anzubinden an das traditionelle Anliegen der Ehrfurcht vor dem „Allerheiligsten". Im Grunde geht es dabei um die Ehrfurcht vor dem Tode Jesu und vor dem, was darin allen Menschen für ihre Versöhnung mit Gott und untereinander gegeben wird.)

Bedenkt man die gegenwärtige Praxis sakramentaler Feiern in dieser Sicht, so wird deutlich, daß die Identität dieser Feiern nicht zuerst und gar nicht allein über die Kommunikation mit Gemeindefremden zu fördern ist – etwa im Zusammenhang der Hinführung von Kindern zur Erstkommunion –, sondern vor allem und immer wieder über die gemeinsame Bemühung derer, die sich zu konkreter Glaubensgemeinschaft zusammenrufen lassen. Je näher bei ihnen das, was sie praktisch leben, und das, was sie symbolisch feiern, ist, desto plausibler kann Gemeindefremden werden, daß der Zugang zu den sakramentalen Symbolhandlungen die Zustimmung zum Lebensentwurf der Glaubensgemeinschaft voraussetzt.

d) Die Sakramente im Leben der Gemeinde

Schon bei den bisherigen Überlegungen kam immer die konkrete Glaubensgemeinschaft der Gemeinde als der Ort für sakramentale Feiern in den Blick. Da hier die Kluft zwischen der Neuorientierung der Sakramententheologie und den Erwartungen von Gemeindefremden besondere Schwierigkeiten bereitet, muß der Zusammenhang von Sakramenten und Gemeinden noch weiter verdeutlicht werden.

(1) Bis heute finden wir – gerade bei Gemeindefremden, die an Entwicklungen in der Kirche nicht beteiligt waren – ein Echo einer Sakramententheologie und -praxis, in denen es nur um Spender und Empfänger der Sakramente ging und darum, wann die Spendung gültig und erlaubt ist. Was dabei nicht in den Blick kam, war das Sakrament als gottesdienstliche Feier der Gemeinde. Diese Ausblendung wurde und wird überall dort gefördert, wo das Amt nicht als eine Gabe innerhalb der Gemeinde gesehen wird, sondern sich gleichsam aus der Gemeinde heraus verselbständigt und dann auch ohne Gemeinde handeln kann. Das Sakrament darf nicht auf einen Vorgang zwischen den Amtsträgern als Spender und einem Individuum als Empfänger verengt werden; das bringt die Gemeinsame Synode der Bistümer in der Bundesrepublik Deutschland mit folgenden Sätzen zum Ausdruck: „Wer ein Sakrament empfängt, wird ... in das Leben der Kirche hineingenommen. Für den einzelnen Menschen wird dies erfahrbar in seiner Gemeinde. Sie lädt ihn zum Empfang der Sakramente ein und nimmt ihn damit in ihre Gemeinschaft hinein, in der er der Kirche begegnet. Gleichzeitig wird die Gemeinde am Ort und damit die Kirche bereichert und aufgebaut durch jeden Gläubigen, der sich ihr anschließt. Spendung und Empfang der Sakramente sind auch deshalb wesentliche Lebensfunktionen der Gemeinde." (Schwerpunkte heutiger Sakramentenpastoral A)

(2) In der Gemeinschaft (Koinonia/Communio) des Glaubens gehören untrennbar zusammen die Grundfunktionen: Feier des Glaubens (Liturgia) – Bewährung des Glaubens im Dienst am Nächsten (Diakonia) – Verkündigung des Glaubens (Martyria). Sakramente sind Liturgie. Werden sie aus der Gemeinschaft gelöst, in der sie als Höhepunkt und Quellen christlichen Lebens und Glaubens gefeiert werden, dann erliegen sie der Gefahr, zu einem rituellen Kult ohne den Geist des gekreuzigten Auferstandenen zu werden.

(3) Die Glaubensgemeinschaft der Gemeinde ist nicht nur unverzichtbar, weil Menschen eigentlich gar keine Überzeugung aufbauen und weiterentwickeln können ohne Überzeugungsgemeinschaft. Bei Christen ist der Inhalt der Überzeugung auf Gemeinschaft gerichtet. Es geht um die Überzeugung, daß Gott in Jesus Christus begonnen hat, die vollkommene Gemeinschaft der Menschen mit ihm und untereinander aufzurichten. Diesem Werk Gottes dienen die Sakramente. Und noch weiter: Für dieses Werk Gottes ist die Gemeinde selbst Sakrament. Wieder sei die bundesdeutsche Synode zitiert: „Das gesamte Leben des Christen soll so in und mit der Gemeinschaft der Gläubigen wirksames Zeichen der Nähe und erlösenden Gegenwart Gottes mitten unter uns sein." (ebd.)

Es ist zuzugestehen, daß unsere Praxis der sakramentalen Feiern noch nicht konsequent auf die Gemeinde als Ort dieser Praxis verweist. Es gibt noch zahlreiche Amtshandlungen, die Amtsträger ohne die Gemeinden vollziehen, für die sie das Amt haben. Nicht immer liegt es daran, daß sie von den Gemeinden alleingelassen werden. Sorge um die Sakramentenpastoral wird fast nur als Sorge von Amtsträgern und anderen Hauptamtlichen in der Verantwortung für ihre Praxis artikuliert und sehr selten als Sorge von Gemeinden um einen Teil ihres Lebens. Es wird unten die Frage aufzunehmen sein, wie z. B. die Taufpraxis des Priesters zu einer Taufpraxis der Gemeinde werden kann. Eines ist dabei wohl von vornherein zu sehen: Die entscheidenden Schritte auf diesem Weg können nicht von Gemeindefremden erwartet werden.

e) Zum Organismus der Sakramente

In der Tradition der Siebenzahl der Sakramente konnte sich leicht die Vorstellung von einem Nebeneinander der Sakramente entwickeln. Wir haben wieder zu der ursprünglichen Zuordnung der Sakramente zueinander gefunden. Im Zentrum steht dabei das Sakrament, in dem der Auferstandene die Gemeinden seiner Kirche immer wieder mit seinem Geist erfüllt und so in sich mit dem Vater und untereinander verbindet: die Eucharistie. Sie wird im Apostolicum „Gemeinschaft der Heiligen" genannt. (Die unmißverständlichere Übersetzung müßte lauten: Gemeinschaft am Heiligen.) Dadurch wird im Glaubensbekenntnis hervorgehoben, daß die Kirche zentral Eucharistiegemeinschaft ist. In diese Eucharistiegemeinschaft werden diejenigen, die vom Ruf zum Glauben erreicht wurden und mit ihrer Zustimmung antworten, eingegliedert durch die Taufe (im Apostolicum „Vergebung der Sünden" genannt). Die Taufe wird in der Firmung gefestigt. Darum ist es – wie die Kirche des Ostens reklamiert – nicht ohne Probleme, mit Menschen, die nicht gefirmt sind, Eucharistiegemeinschaft aufzunehmen. Darum ist es vor allem nicht ohne Probleme, Menschen zu firmen, die die Kirche als Eucharistiegemeinschaft nicht suchen. Die Konsequenzen daraus werden unten zu ziehen sein.

Auch die anderen Sakramente sind der Eucharistie als dem zentralen Geheimnis der Kirche zuzuordnen. Das Bußsakrament erneuert die Taufe und sagt so neu die Eucharistiegemeinschaft zu. Die Krankensalbung entfaltet eine Bedeutung der Eucharistie als Heilmittel für Leib und Seele. Die Ehe lebt als Sakrament aus der Eucharistie, in der Mann und Frau den Geist der Liebe empfangen, der sie die Liebe Gottes in die alltägliche Nähe des anderen bzw. der anderen tragen läßt. In der Weihe schließlich empfangen Menschen Auftrag und Vollmacht, Gemeinden als Eucharistiegemeinschaften vorzustehen.

In einer Spannung zu dem hier skizzierten Organismus der Sakramente steht die in den letzten Jahrzehnten stark in den Vordergrund gerückte anthropologische Situierung der Sakramente am Lebensweg der Menschen. Es wird davon ausgegangen, daß es Knotenpunkte und Grundsituationen im menschlichen Leben gibt, die danach verlangen, begangen zu werden. Knotenpunkte sind dann Geburt, Mündigkeit, Heirat und Tod. Grundsituationen sind z. B. schwere Schuld oder schwere Krankheit. Manches aus dieser anthropologischen Sicht ist mit den christlichen Sakramenten zu vermitteln; aber Taufe ist nicht die Feier der Geburt eines Menschen. Firmung ist nicht die Feier seiner Mündigkeit. Und die Ehe ist mehr als die Feier der Hochzeit. Das christliche Sakrament feiert vor allem den Glaubensweg des Menschen, der in die „Gemeinschaft am Heiligen" führt und aus dieser Gemeinschaft lebt.

f) Sakramente als positive, nicht exklusive Zeichen des Heils

Eine Belastung unserer Sakramentenpastoral ist ein bis heute nachwirkendes Mißverständnis ihrer Heilsnotwendigkeit. In diesem Zusammenhang werden mancherlei Ängste und magische Vorstellungen weitergegeben, von denen sich viele nur schwer lösen können. Ein letztes Echo dieser Tradition ist dann, daß Sakramente nur aus der Angst gesucht und gespendet werden, es könnte einem Menschen ohne dieses Zeichen etwas fehlen, ohne daß man dieses „Etwas" angeben kann. Einige mögen dafür noch das Wort „heiligmachende Gnade" haben; aber eher ausnahmsweise verbinden sie damit wenigstens entfernt die Vorstellung, daß ein Mensch durch die Gemeinschaft mit Christus und von seinem Geist erfüllt im Lichte der Menschenfreundlichkeit Gottes leben darf.

Die theologische Rede von der Heilsnotwendigkeit der Sakramente – insbesondere der Taufe – setzt voraus, daß einem Menschen aufgegangen ist, wie Gott in der Kirche und Ihren Sakramenten auf ihn zukommt und ihn mit sich und mit der von ihm zusammengerufenen Gemeinschaft verbinden will. Wer sich diesem Ruf verweigert, verweigert sich Gott und verfehlt dadurch das Leben. Wir leben mit der Erfahrung, daß viele Menschen nicht vom neuen Nahesein Gottes in der Kirche und ihren Sakramenten erreicht werden, aber doch unter der Wirkung des allgemeinen Heilswillens Gottes stehen und sich dieser Wirkung sogar rückhaltloser öffnen können als manche Christin und mancher Christ in der Gemeinschaft am Heiligen. So dürfen wir die Früchte des Geistes an vielen Menschen beobachten, die nicht Gemeinschaft des Glaubens mit uns haben: „Liebe, Freude, Friede, Langmut, Freundlichkeit, Güte, Treue, Sanftmut und Selbstbeherrschung." (Gal 5,22) Wir stehen also nicht unter einem angstvollen Zwang, alle Menschen mit den Sakramenten der Kirche erreichen zu müssen. Sakramente sind keine exklusiven Zeichen des Heils.

Andererseits darf der Abschied von unchristlicher Heilsangst nicht zu einem ebenso unchristlichen Heilsindifferentismus führen, dem es nicht mehr wichtig ist, ob Menschen zur Glaubensgemeinschaft als Sakrament Gottes und zu den in dieser Gemeinschaft gefeierten Sakramenten finden oder nicht. Es gibt um uns herum nicht nur Früchte des Geistes, sondern auch Gemeinheit und Egoismus, Ver

bitterung und Unversöhntheit, Sinnlosigkeit und Lange-
weile, Lebensbehinderung und Lebenszerstörung. Es gibt
Grund zur Heilssorge. Der Ruf zur Glaubensgemeinschaft
und zu den in ihr gefeierten Sakramenten ist in der Erfahrung begründet, daß von der Nähe des Auferstandenen in
der Glaubensgemeinschaft und in der Feier ihrer Sakramente eine reale erneuernde, aufrichtende, heilende, versöhnende, befreiende Wirkung ausgeht. Die Wirksamkeit
der Sakramente ist nicht nur theologische Behauptung, sondern wird auch erfahren. Dabei ist allerdings weder eine
Automatik noch ein rauschhaftes religiöses Erlebnis zu erwarten, sondern die evtl. sehr nüchterne und wachsende
Vertrautheit mit Gottes Kraft in menschlicher Schwach-
heit. Das ist mit der Rede von den Sakramenten als positi-
ven Zeichen des Heils gemeint. Diese Zeichen wünschen
wir allen Menschen, weil wir sie als Geschenk erfahren und
in der Sorge sind, daß sie anderen für das Gelingen ihres Lebens fehlen können.

III. Handeln I: Anregungen für eine Sakramentenpastoral in der Gemeindepastoral

Vorbemerkung: Ungleichzeitigkeit der geschichtlichen Veränderungen

Allgemein gültige Anregungen für ein in unserer Situation auf Gott antwortendes pastorales Handeln sind aus mehreren Gründen nicht möglich. Ein Grund ist die Tatsache, daß sich die Voraussetzungen für pastorales Handeln zwar überall in etwa der gleichen Richtung ändern, daß diese Prozesse aber sehr unterschiedlich weit fortgeschritten sein können. Es gibt Gemeinden mit einer noch recht lebendigen volkskirchlichen Tradition, und es gibt Gemeinden mit nur noch sehr kümmerlichen Resten dieser Tradition. Es gibt Gemeinden, in denen ein größerer Teil der Menschen nicht nur heranwächst, sondern auch bleibt, und es gibt Gemeinden mit so hoher Mobilität ihrer Menschen, daß kaum eine kontinuierliche gemeinsame Geschichte möglich ist. Nicht selten trifft man sogar innerhalb ein und derselben Gemeinde auf sehr unterschiedliche kirchengeschichtliche Situationen. In einer Großstadtgemeinde können durch das gemeinsame Territorium – nicht durch gemeinsame Geschichte – faktisch drei Gemeinden leben: die eigentliche Ortsgemeinde der dort in einem abgeschwächten katholischen Milieu Herangewachsenen, die intensiv volkskirchliche geprägte Gemeinde der Aussiedler aus Polen und eine Gemeinde kritischer Christen, in der Zugezogene aus einer höheren Mittelschicht zusammengefunden haben. Hinzu kommt, daß die Möglichkeiten einer Gemeinde von den Begabungen derer mitbestimmt werden, die das pastorale Handeln haupt-, neben- oder ehrenamtlich tragen. Nach konkretem Handeln muß darum situationsspezifisch gesucht werden. Anregungen dafür sind möglich, nicht aber fertige Konzepte.

1. Förderung gemeindlicher Glaubensgemeinschaft

Es ist richtig, daß bei sehr vielen sakramentalen Handlungen, die gemeindefremde Traditionschristen heute von Amtsträgern erwarten, die Glaubensvoraussetzungen für die Identität der Sakramente nicht ausreichen und daß darum unsere Sorge der Förderung des Glaubens bei denen gelten muß, die Sakramente von der Kirche wollen. Es wurde hoffentlich deutlich, daß Sakramente nicht allein in einem Hingabeglauben zu begründen sind, sondern die Zustimmung zur Glaubensgemeinschaft erfordern. Dann aber muß unsere Sorge zuerst der Förderung von Glaubensgemeinschaften gelten, von denen eine anziehende Kraft ausgehen und an der Menschen Anteil suchen können. Das heißt anders formuliert: Die Krise der Sakramentenpastoral ist nicht nur als Krise derer anzusehen, die den Gemeinden fremd bzw. denen die Gemeinden fremd geworden sind, sondern auch als Krise der Gemeinden, die sich fragen müssen, warum so viele, die eigentlich zu ihr gehören, den Austausch mit ihr nicht suchen und ihr Leben nicht teilen wollen. Die allgemeine These dieses Abschnittes lautet darum:

Die Sorge um Glaubensgemeinschaft in der Gemeinde ist die Voraussetzung dafür, daß Gemeindefremde (neu) zur Glaubensgemeinschaft und darin zu sinnvollen sakramentalen Feiern finden können.

Diese These sei in einigen Zügen etwas näher erläutert.

a) Glaubensgemeinschaft als Glaubensgewinn

Sorge um Gemeindebildung wird oft mit einem einseitigen Akzent auf „Aktivierung" bzw. sogar auf der Gewinnung von Mitarbeiterinnen und Mitarbeitern angegangen. Menschen werden dabei zuerst beansprucht, nicht selten sogar belastet. Zur Glaubensgemeinschaft gehört zwar die Bereitschaft zu aktivem Engagement hinzu; aber ihr voraus müssen andere Erfahrungen gehen, die hier zu betonen sind. Glaubensgemeinschaft muß zuerst als Geschenk und Gewinn und nicht als Beanspruchung oder gar Belastung erfahren werden. Glaubensgemeinschaft heißt, daß Christen zusammenkommen im Vertrauen, daß in ihrer Gemeinschaft der Auferstandene da ist und ihnen immer wieder neu und zugleich in wachsender Vertrautheit das ganz gute Geheimnis ihres Lebens eröffnet. Glaubensgemeinschaft läßt leben in der durch manche Glaubenskrise hindurch geschenkten Gewißheit, daß der Gott und Vater, den Jesus uns schenkt, uns annimmt mit all den Fragwürdigkeiten und Abgründen, aber auch den Sehnsüchten und Aufschwüngen unseres Lebens und uns so mit sich und untereinander zur Fülle des Lebens vereinen will und damit hier und heute beginnt. Die Erfahrung, dieses Geschenk miteinander teilen zu dürfen und sich seiner Kostbarkeit dadurch immer wieder bewußt zu werden, ist die entscheidende Erfahrung von Glaubensgemeinschaft. Sie kontrastiert zu der Erfahrung, daß wir mit vielen anderen Menschen vielleicht manche Probleme und Aufgaben, manches Unterhaltende und Amüsierende teilen, aber kaum dazu kommen, unser Leben in der Spannung zwischen Freude und Trauer, zwischen Hoffnung und Angst zu besprechen. Glaubensgemeinschaft wird gesucht aus einer guten Unzufriedenheit mit dem, was „man" sonst in unserer Gesellschaft an Lebensinhalten, an Werten und Hoffnungen teilt. Glaubensgemeinschaft kann die Augen unseres Herzens für Werte öffnen, für die wir ohne diese Gemeinschaft blind wären – etwa den Wert des Teilens mit Schwestern und Brüdern in der Not oder der Demut des Geschöpfes oder der verläßlichen und dadurch beheimatenden ehelichen Liebe. Glaubensgemeinschaft läßt uns eine Hoffnung feiern, von der viele ohne diese Gemeinschaft nicht mehr zu träumen wagen.

Eine Form der Glaubensgemeinschaft ist die gemeinsame Feier der sonntäglichen Eucharistie. Unten wird zu fragen sein, wie in ihr die Erfahrung von Glaubensgemeinschaft verstärkt werden kann. In unseren heutigen Sonntagsmessen ist es kaum möglich, die ursprüngliche Gemeindefunktion der Martyria zu leben. Diese meint, daß Christen sich gegenseitig den Glauben zusagen und stärken und dadurch Glaubensgemeinschaft bilden. Es gehört sicher zu den verheißungsvollen Zeichen kirchlichen Lebens bei uns, daß sich – wenn auch in Minderheiten – ein Verlangen nach mehr Glaubensgemeinschaft zeigt und auf den Weg gemacht hat. Weil sie eine Grundfunktion von Gemeinde leben, tragen Glaubensgemeinschaften in einer Gemeinde deren Leben mit, auch bevor sie sogenannte Aufgaben in der Gemeinde übernehmen. Sie bilden ein Umfeld für anziehende und glaubwürdige sakramentale Feiern, durch die Gemeindefremden plausibel werden kann, daß sie diese Feiern nicht ohne die Aufnahme von Glaubensgemeinschaft erwarten können.

b) Glaubensgemeinschaft als Alternative zum totalen Individualismus

Zu einer alle wichtigen Lebensfunktionen integrierenden e i n e n Lebenswelt könnten wir nur zurück durch einen Auszug aus unserer Gesellschaft und die Bildung einer Sonderwelt. Damit könnten wir unserer Sendung in die Welt nicht entsprechen. Wir müssen uns also auf die Moderne mit ihren desintegrierten Lebenswelten einlassen, haben dabei aber zugleich zu fragen, welche kritische Sendung wir für diese Moderne haben. Oben wurde angezeigt, daß der heute wirksame Modernisierungsschub zu einer solchen Vervielfältigung von Lebensmöglichkeiten für die Individuen führt, daß kaum mehr verbindende gemeinsame Lebenswege gegangen werden. Die Freiheit zur eigenen Biographie kann zum Zwang zur individuellen Biographie werden. Dies führt zu immer weniger gegenseitiger Anteilnahme und damit zur Entsolidarisierung.

Glaubensgemeinschaft kann hier als die Alternative in den Blick rücken, in der Menschen nicht ganz allein und ohne Tradition ihr Leben entwerfen und gestalten. Glaubensgemeinschaft meint Gemeinschaft mit Menschen vor uns und ihren Erfahrungen mit Gott als dem Geheimnis ihres Lebens, und Glaubensgemeinschaft meint, daß wir uns heute gegenseitig in unseren je eigenen Lebensgeschichten als Geschichten mit Gott beistehen. Glaubensgemeinschaft meint schließlich auch, daß wir eine gemeinsame Geschichte als Volk Gottes suchen. Minderheiten in unserer Gesellschaft ziehen schon die Konsequenz aus der Erfahrung, daß das nur individuelle Leben ohne jede Tradition überfordert und Lebensentfaltung behindert, und suchen mehr Gemeinschaft. Dabei kann es zum Problem werden, woran man Gemeinschaft findet, in der gegenseitige Lebenshilfe und Lebensanregung möglich wird. Bei Selbsthilfegruppen sind es oft die Nöte, die verbinden. Auch Glaubensgemeinschaft kann aus der Not gesucht werden, andere Menschen zu brauchen für einen Weg angesichts der Bedrohungen unserer Zeit. Sie kann dann die Erfahrung schenken, in menschlicher Gemeinschaft von dem geleitet und geführt zu werden, aus dessen Händen alle Zeit kommt und in dessen Leben alle Zeit mündet.

Daß wir gerade zu einer Zeit, in der die gesellschaftlichen Voraussetzungen für verbindliche Gemeinschaft sehr ungünstig geworden sind, die Bedeutung von gemeindlicher Glaubensgemeinschaft wiederentdecken, kann einerseits als belastend erfahren werden. Es ist sehr schwierig geworden, daß Menschen sich verbindlich aufeinander einlassen. Im Blick auf unser kirchliches Leben läßt sich sogar feststellen, daß die Christen in den klerikerzentrierten Pfarreien von gestern ganz unorganisiert und ohne bewußte Mühe mehr Gemeinschaft miteinander hatten, also Gemeinde bildeten, als es in unseren heutigen Gemeinden mit viel Sorge um die Aufnahme und Pflege von Beziehungen, aber ohne unorganisierte Gemeinschaft in den alltäglichen Lebenswelten gelingt. Andererseits kann gerade diese Erfahrung als positive Herausforderung aufgenommen werden, den Glauben an den Gott und Vater Jesu Christi als Menschen verbindende Kraft zu erweisen und das Zeugnis zu geben, daß wir Menschen zu einem Miteinander und Füreinander berufen sind.

c) Glaubensgemeinschaften als katechumenale Orte

Bei vielen Begegnungen mit gemeindefremden Christen konnte man in der jüngeren Vergangenheit davon ausgehen, daß sie schon einmal eine fundamentale Vertrautheit mit dem Glauben und seinen Grundvollzügen aufbauen konnten. So konnte man es ihnen zumuten, ohne eine intensive Begleitung wieder Anschluß an die Glaubensgemeinschaft zu suchen. Sie wußten – um es konkret zu sagen –, wie das geht: zur Beichte gehen und in der Mitfeier der Heiligen Messe die Kommunion empfangen. Heute werden wir sehr oft von einer viel tieferen Fremdheit ausgehen müssen. Selbst wenn sie sich der Glaubensgemeinschaft annähern wollen, werden sehr viele nicht mehr sehen, wie sie das können. Das, was sie möglicherweise einmal gelernt haben, ist in ihnen abgesunken und kann nicht so ohne weiteres heraufgeholt werden. Um wirklich wieder Glaubensgemeinschaft mitleben zu können, genügen bei sehr vielen nicht zwei bis drei Tauf- oder Traugespräche bzw. Elternabende. Dazu sind längere Wege mit geduldiger Begleitung erforderlich. Anders formuliert: Wir können Menschen nicht auffordern, die Möglichkeit zu prüfen, ob sie von ihrem Gott neu zu Glaubensgemeinschaft gerufen sind, ohne ihnen Orte angeben zu können, an denen sie lernen können, wie das geht: glauben und beten, christlich leben und feiern. Wenn bei einem Menschen so etwas wie eine geistliche Neugier wahrzunehmen ist, müssen wir auf eine Gemeinschaft von Christen verweisen können mit der Einladung „Komm und sieh!". Manche Einladung wird wahrscheinlich deshalb nicht ausgesprochen, weil wir die Orte nicht haben, an denen Menschen das Geschenk von Glaubensgemeinschaft entdecken und sich ihm öffnen können.

Bewußt ist hier nicht eng von Katechumenaten – also Orten, die eigens als Lernmöglichkeiten für Menschen, die Christen werden wollen, eingerichtet werden – die Rede, sondern von katechumenalen Orten. Damit sind Glaubensgemeinschaften gemeint, in denen und mit denen Menschen glauben lernen können, die aber nicht nur für neu Hinzukommende entstanden. Es können Orte mit sehr unterschiedlichen Akzenten sein und damit Orte für ein breites Spektrum von Menschen, die erfahren möchten, wie Christen heute mit dem Evangelium leben. Es kann eine PAX-CHRISTI- oder Eine-Welt-Gruppe ebenso sein wie eine Schola oder ein Krankenbesuchsdienst. Es kann auch ein Bibel-Kreis oder eine Gruppe mit intensivem Kontakt zu einer der neueren geistlichen Bewegungen sein. Wichtig ist, daß in diesen Gemeinschaften

– Menschen einander mit Freude und Trauer nahekommen,
– Christen einander mitteilen, wie sie ihr Glauben als Zuspruch von Hilfe und Trost und als Eröffnung und Bean-

spruchung von kostbaren Lebensmöglichkeiten erfahren
(möglichst im Austausch über das Gotteswort der Bibel),

– die Gemeinschaft zusammenkommt im Vertrauen und
im Bewußtsein, daß der Auferstandene bei ihr da ist,

– die Gemeinschaft im Austausch ist mit anderen Gemeinschaften einer Gemeinde und darüber hinaus der ganzen
Kirche.

d) Gemeinde als Gemeinschaft von Glaubensgemeinschaften

Überall, wo nach Übergängen von einer versorgten und verwalteten Pfarrei zu ihr Leben in gemeinsamer Verantwortung gestalteten Gemeinden gesucht wird, wird die Erfahrung gemacht, daß die meisten unserer Pfarreien zu groß
und zu differenziert sind, um ohne das Zusammenkommen von Christen in kleineren christlichen Gemeinschaften die Erfahrung von Glaubensgemeinschaft ermöglichen
zu können. Das Ziel, auf das hin wir aufzubrechen haben,
wird in der Verarbeitung dieser Erfahrung oft „Gemeinde
als Gemeinschaft von Gemeinschaften" genannt. Für diese
Zielperspektive spricht:
– In der kleineren Gemeinschaft ist menschliche Nähe, das
Gespräch, das Zusammenwirken der unterschiedlichen Gaben und die gemeinsame Wahrnehmung von Verantwortung möglich.
– Ein Plural von kleineren Gemeinschaften in der Gemeinde verhindert einen Gemeindeintegralismus, in dem
das ganze Leben unter Uniformitätsdruck geraten kann. Es
bleibt Raum für unterschiedliche Spiritualitäten. Zugleich
kann in der gegenseitigen Annahme der Gemeinschaften
die verbindende Kraft des Geistes gelebt und bezeugt werden.
Für die Sakramentenpastoral bleibt zu beachten, daß das

Christwerden und -bleiben in unserer Situation die Wegge-meinschaft mit einer kleineren Gruppe braucht, daß die Sa-kramente der Eingliederung und die am Herrentag gefeierte Eucharistie aber ihren Ort in der Gemeinde, also in der grö-ßeren Gemeinschaft haben. (Die Einschreibung zur Taufe findet beim neu eingerichteten Erwachsenenkatechumenat in den USA sogar in der Bischofskathedrale statt.) Damit wird angezeigt, daß Gemeinschaft unter Christen sich nicht begrenzt auf das Wohlbefinden in einer vertrauten Gruppe, sondern in der umfassenden Gemeinschaft der Kirche Zei-chen für die Einheit der ganzen Menschheitsfamilie sein will.

2. Suche nach einem Handeln in und mit der Gemeinde

Wenn, wie oben dargestellt, Sakramente Feiern der Ge-meinde und nicht nur Amtshandlungen der Amtsträger sind, dann muß die Gemeinde an der Suche nach einem Handeln in der Krise unserer Sakramentenpastoral beteiligt werden. Die Sakramentenpastoral ist einer der Orte, wo der Übergang von der versorgten und verwalteten Pfarrei zur mitsorgenden Gemeinde (als Gemeinschaft von Gemein-schaften) zu suchen ist. Darum hier die These:

Die Sakramentenpastoral und deren Basis in der Praxis der sakramentalen Feiern muß in gesprächs- und verantwor-tungsfähigen Gruppen der Gemeinde besprochen und mit-gestaltet werden, um zu einen verantwortlichen Handeln in und mit der Gemeinde zu kommen.

a) Zum Ruf nach dem Bischof in der Krise der Sakramentenpastoral

Es ist gut, wenn sich Priester und andere an der Sakramentenpastoral beteiligte Mitarbeiterinnen und Mitarbeiter unter dem oben skizzierten Leidensdruck zusammentun und nach einem gemeinsamen Weg suchen. Es ist auch gut, wenn sie den Austausch mit dem Bischof sozusagen nach „oben" und dabei gegenseitige Anregung und Ermutigung und auch eine gemeinsame Praxis im Bistum suchen[6]. Ebenso wichtig, wenn nicht für den Weg zur zukunftsfähigen Gemeinde noch wichtiger ist die Suche nach einem für die Menschen hilfreichen Handeln „unten" im Austausch mit Gruppen und einzelnen Christen in den Gemeinden. Dies ist gegenüber manchen problematischen Erwartungen an eine von „oben" zu verordnende Sakramentenpastoral zu betonen:

– Es kann einseitig Hilfe erwartet werden durch eine straffere Disziplin in den Anforderungen an die, die die Sakramente suchen. Es ist zwar nicht zu leugnen, daß der Schutz der Sakramente vor Mißbrauch eine disziplinäre Dimension hat; primär aber dürfte in unserer Situation nicht die Herausforderung an die Disziplin, sondern die an die Kommunikation sein. Das heißt: Zuerst müssen wir fragen, wie wir mit den vielen aus dem volkskirchlichen Erbe, die keine Glaubensgemeinschaft aktualisieren, so zu einem Austausch kommen, daß sie wahrnehmen können, was die Gemeinde in den Sakramenten feiert. Das ist die Voraussetzung dafür, daß sie sich selbstkritisch mit ihrer Bitte um das Sakrament auseinandersetzen können.

– Auch ohne daß dies beabsichtigt und bewußt wird, wird eine nur „oben" ablaufende Meinungs- und Willensbildung, die „unten" nur noch zu rezipieren ist, als Ausübung von Herrschaft wirken. Man kann einwenden, die psychologische und pastorale Kompetenz in den Gemeinden reiche nicht aus, um diese an der Suche nach unserem Weg zu beteiligen. Wenn es stimmt, daß diejenigen, die das Geheimnis ihres Glaubens in den Sakramenten feiern, davon zu wenig verstehen, dann ist nicht der Verzicht auf das Gespräch mit ihnen der Weg in die Zukunft. Es ist dann vielmehr notwendig, daß die Gemeinde mit ihren Sakramenten tiefer vertraut wird und dadurch die Fähigkeit erwirbt, sich an der Suche nach unserer Sakramentenpastoral zu beteiligen.

– Manchmal wird eine von „oben" verordnete einheitliche Pastoral gesucht, damit die Menschen, die unseren Anforderungen an sie nicht entsprechen, nicht ausweichen können zu einem Ort, wo sie es „billiger" bekommen. Es ist verständlich, wenn sich mancher Priester, der sich um einen ernsthaften Umgang mit den Sakramenten bemüht, hintergangen fühlt durch eine Praxis von Nachbarn, die unkritisch alle Erwartungen von Menschen erfüllen. Abgesehen von der eben angesprochenen relativen Bedeutung von Disziplin ist in unserer Situation des Übergangs zu beachten, daß in ihr weder die Gemeinden noch deren Amtsträger einfach in einen Gleichschritt zu bringen sind. Kirchliche Communio sollte verhindern, daß die Praxis sehr weit auseinanderläuft. Sie muß es aber auch aushalten, daß einige Gemeinden vorangehen und andere zunächst zurückbleiben. Wichtig ist, daß sie Gemeinschaft miteinander halten und bereit bleiben, voneinander zu lernen.

b) Konsequentere Erneuerung sakramentaler Feiern als gottesdienstliche Versammlungen der Gemeinde

Daß die Sakramente Feiern der Gemeinde sind, ist nur z. T. praktisch gelebte Realität. Zu einem von Sakrament zu Sakrament und von Gemeinde zu Gemeinde unterschiedlichen Teil sind sie nach wie vor Amtshandlungen des Priesters oder Diakons, die neben der Gemeinde herlaufen.

Das gilt nicht nur für die am meisten familialisierten Feiern der Taufe und der Trauung. An nicht wenigen Orten wird die Gemeinde aus Raumgründen zur Feier der Firmung ausgeladen. Das Bußsakrament wird meistens in Verborgenheit gesucht, wofür es gute Gründe gibt angesichts seiner faktischen Entwicklung. Weniger gut sind die Gründe, die vielerorts die sonntäglichen Eucharistiefeiern zu einem weitgehend unverbindlichen Angebot von Sonntagsmessen werden lassen. Beziehungsarmut im pfarrlichen Territorium, Mobilität und Funktionswandel des Sonntags im Wochenende lassen viele, die die Sonntagsmesse suchen, auf die Gelegenheit zugehen, die ihren Wochenendablauf am wenigsten stört. Es ist in vielen Situationen schwer geworden, die sonntägliche Eucharistiefeier als Versammlung einer Gemeinde zu identifizieren, die sich für Gäste offenhält. Oft erscheint diese Feier eher als Angelegenheit des Priesters, der da oder dort von einem liturgischen Arbeitskreis und von einigen Helferinnen und Helfern in der Feier unterstützt wird.

Wie durch Veränderungen in den gesellschaftlichen Voraussetzungen Intentionen der Liturgiereform unterwandert werden, sei am – zugegebenermaßen extremen – Beispiel der Trauung bewußt gemacht. Eigentlich sagen in der kirchlichen Trauung Mann und Frau einander im Angesicht der Kirche lebenslange Liebe und Treue zu und bringen dabei zum Ausdruck, daß sie ihre Ehe als Sakrament in der Glaubensgemeinschaft und aus ihrer Versammlung zur Eucharistie heraus leben wollen. In den früheren integrierten Lebenswelten kamen zu den Trauungen Christen zusammen, die auch sonst alltäglich und sonntäglich miteinander Christen waren, also so etwas wie Gemeinde in der Pfarrei lebten. Heute sieht der Priester bei vielen Trauungen kaum Menschen aus der Gemeinde, in der er und für die er das Amt hat. Es kommt ein Verwandten- und Freundeskreis zusammen, der sonst weit zerstreut lebt. Die Gemeinde nimmt viele Trauungen kaum zur Kenntnis. Der Grund ist, daß es weder Lebens- noch Glaubensgemeinschaft zwischen den Paaren und Christen der Gemeinde gibt. Verständlich ist dies vor allem dann, wenn das Paar noch auf Wanderschaft ist und erst den Ort sucht, wo es für längere Zeit wohnen und arbeiten wird. Dennoch muß – auch wenn es anfangs utopisch klingt – wenigstens danach gesucht werden, wie kirchliche Trauungen nicht nur Amtshandlungen, sondern auch Feiern der Gemeinde sein können. Es wäre z. B. zu bedenken, ob in der Vorbereitung der Trauung Beziehungen zwischen einem Kreis von Ehepaaren und dem Brautpaar angebahnt werden können. Auch wenn dort ein Austausch von Leben und Glauben nur sehr anfanghaft möglich wird, kann in ihm doch die Basis für eine Beteiligung wenigstens eines Teiles der Gemeinde an der Trauung wachsen und dadurch sichtbar werden, daß die Ehe von Christen eine kirchliche Wirklichkeit und nicht nur ein mit Verwandten und Freunden unter Assistenz eines Zeremoniars zu begehendes Ereignis ist.

An dem versuchten Beispiel kann deutlich werden, daß die faktische Privatisierung bzw. Familialisierung vieler sakramentaler Handlungen einerseits die Folge von fehlenden gemeindlichen Beziehungen ist. Andererseits aber ist der Mangel an Glaubensgemeinschaft in den Pfarreien auch die Folge einer Praxis sakramentaler Handlungen, die für viele gar nicht erfahrbar macht, daß die Sakramente eigentlich Lebensfunktionen der Gemeinde sind. Es ist für viele nicht einsehbar, warum und wie ihre Bitte um die Taufe ihres Kindes oder um eine Trauung oder die Erstkommunion und Firmung mit auch außerhalb der gottesdienstlichen Feiern realisierter Glaubensgemeinschaft zu tun hat. Erst wenn nicht mehr weitgehend nur theologisch behauptet, sondern in den Gemeinden konsequent verwirklicht wird, daß die Sakramente in das Leben der Gemeinde gehören, wird in der Kommunikation mit Gemeindefremden plausi-

73

bel zu machen sein, wie die Überwindung der Fremdheit zwischen ihnen und der Gemeinde Voraussetzung für eine sinnvolle sakramentale Feier ist.

c) Mitsorge der Gemeinde um ihre Identität und ihre Offenheit

Es ist nicht utopisch, daß Priester und andere Hauptamtliche in gesprächsfähigen Gruppen der Gemeinde mitteilen, was sie im Blick auf die Krise der Sakramentenpastoral leiden läßt. Diese Mitteilung kann mit der Bitte verbunden werden, an der Situation mitzuleiden und auch mit nach einem Weg zu suchen, der für die Menschen, denen die Gemeinde so fremd geworden ist, und für die Identität der Gemeinde gut ist. Es wird nicht genügen, die Sakramentenpastoral relativ kurzatmig auf die Tagesordnung eines Pfarrgemeinderates zu setzen und dort administrativ abzuhandeln. Für die gemeinsame verantwortliche Suche nach einem Weg ist vielmehr eine langfristige geistliche Meinungsbildung erforderlich, die möglichst breit in der Gemeinde anzuregen ist und dann wiederholt in eine Beratung auf der Ebene des Pfarrgemeinderates zusammenfindet. So ist in den mitverantwortenden Minderheiten der Pfarrei (und das sind alle Gruppen und Christen, die an der Situation mitleiden und nach einem Weg mitsuchen) nach einem Vorgang zu suchen, in dem die Sakramente als ein wesentlicher Teil gemeindlichen Lebens und nicht als von der Gemeinde abhebbare Amtshandlungen erfahren werden. Zum Beispiel ist die Taufbitte nicht an einen Amtsträger zu richten, sondern an die Kirche, und diese wird konkret in der Gemeinde, in der und für die das Amt da ist. Konsequenterweise kommt dann die Entscheidung über die Annahme zur Taufe auch nicht allein dem Amtsträger zu, sondern der Gemeinde, in deren Namen der Amtsträger einen Menschen in die Glaubensgemeinschaft aufnimmt.

Ähnliches gilt auch für die anderen Sakramente. Lebensförderliche Entscheidungen setzen allerdings eine Kommunikation voraus, in der diejenigen, die die Sakramente suchen, die Chance bekommen, von der Gemeinde zu erfahren, wie sie das Geheimnis ihres Lebens und Glaubens in den Sakramenten feiert. Hilfreich in der Begegnung mit den Gemeindefremden sind nicht die Forderungen einer Gemeinde, sondern das, was die Gemeinde denen, die ihr fremd geworden sind, an möglichen Erfahrungen eröffnet.

Damit ist eine Dimension der Mitsorge der Gemeinde berührt, die im Bereich der Hinführung zur Erstkommunion und der Firmkatechese schon anfängliche Praxis ist: daß die Gemeinde in mitsorgenden Christen ihr Leben, Glauben und Feiern Heranwachsenden mitzuteilen sucht. In diesen Handlungsfeldern sind die Amtsträger in vielen Gemeinden nicht mehr allein. In ihnen gibt es in der Verarbeitung der oft bedrängenden Erfahrungen auch Anfänge gemeinsamen Suchens nach einer glaubwürdigeren und fruchtbareren Sakramentenpastoral. Es ist wohl vor allem eingefahrene Gewohnheit, wenn es noch kaum Ansätze gibt, Christen aus der Gemeinde an der Kommunikation mit Taufeltern oder Brautpaaren zu beteiligen. Etwas mitwirken mag dabei, daß es bei der Taufe und Trauung Situationen gibt, die Diskretion erfordern und dadurch von der Erwartung der Menschen her eher in das Gespräch mit dem Amtsträger gehören. Im allgemeinen aber werden Eltern oder Ehepaare aus der Gemeinde eindrucks- und wirkungsvoller mitteilen können, was Christen in der Taufe eines Kindes und im ehelichen Ja-Wort vor der Gemeinde feiern. In Gesprächen, die solche Mitteilung realisieren, ist die Gemeinde offen, weil sie ihr Leben zu eröffnen sucht und sich nicht begrenzt auf die, die schon immer dazugehören. Zugleich können Christen aus der Gemeinde in solchen Gesprächen unmittelbar Erfahrungen damit machen, wie Taufe und Trauung von Identitätsverlust bedroht sind. Das

Zeugnis ihrer Sorge darum kann möglicherweise diejenigen, die Sakramente ohne Annäherung an die Gemeinde suchen, nachdenklicher machen als das Zeugnis eines Amtsträgers, von dem man Kirchlichkeit erwartet, weil er hauptberuflich Kirche ist.

3. Suche nach einem Handeln, das der Glaubenssituation der Menschen entspricht

Sakramente setzen einen Bekenntnisglauben und die sichtbare Aufnahme von Glaubensgemeinschaft voraus. Es gibt Christen, die mit diesen Voraussetzungen für sich oder ihre Kinder um die Feier von Sakramenten bitten. Um Sakramente bitten aber auch Menschen ohne diese Voraussetzungen. Sie zeigen damit, daß auch sie etwas von der Kirche erwarten. Das kann aus einem echten religiösen Verlangen und sogar aus einem von uns nie zu beurteilenden Hingabeglauben heraus kommen. Menschen abzuweisen, weil sie die Voraussetzungen für das Sakrament nicht mitbringen, stünde im Widerspruch zur Sendung der Kirche, die Menschenfreundlichkeit Gottes darzustellen. Mit ihnen das erbetene Sakrament zu feiern, würde im Widerspruch zur Wahrheit ihrer Situation stehen. Darum muß mit ihnen geklärt werden, ob sie wirklich das Sakrament, d. h. die volle christliche Glaubensgemeinschaft suchen oder ob sie weniger erwarten. In letzterem Fall ist zu besprechen, welche Erwartung sie haben und wie eine dieser Erwartung entsprechende gottesdienstliche Handlung zu gestalten ist. Darum die These:

Die Sakramentenpastoral muß ein Handeln in der Alternative „alles-oder-nichts" vermeiden. Den Christen im lebendigen Austausch mit der Gemeinde entsprechen die sakramentalen Feiern. Allen Gemeindefremden ist die Möglich-

keit der Neuaufnahme von Glaubensgemeinschaft zu eröff-
nen und dafür ein katechumenaler Ort anzubieten. Mit de-
nen, die sich der Gemeinde nicht annähern wollen, ist nach
einem Handeln zu suchen, das in ihrer Situation wahrheits-
gemäß ist.

a) Alle vor die Frage nach einem Neuanfang stellen

Die Sakramente sind für sehr viele Menschen aus dem
volkskirchlichen Erbe Anlässe einer Begegnung mit der Kirche – wenn oft auch nur mit dem Amtsträger. Nicht von allen diesen Begegnungen darf realistischerweise erwartet
werden, daß sie zu neuer, lebendiger Glaubensgemeinschaft
führen. Doch muß in alle diese Begegnungen die Möglichkeit eines Neuanfangs einbezogen werden. In der traditionellen volkskirchlichen Pastoral gestufter Kirchenzugehörigkeit bedeutete dies in der Regel, daß Menschen der Weg
zur Beichte und Heiligen Kommunion mehr oder minder
unausweichlich nahegelegt wurde. Es waren dann weniger
Neuanfänge, die in eine kontinuierlich intensiver gelebte
Glaubensgemeinschaft führten, als hervorgehobene Ver-
dichtungen einer sonst eher distanziert gelebten Kirchlichkeit. Diese Praxis ist meistenorts vergangen. Sie mag für
manche eine Hilfe gewesen sein, wenigstens an wichtigen
Knotenpunkten ihrer Biographie aus der sakramentalen Erfahrung von vergebender und stärkender Nähe Gottes in
der Glaubensgemeinschaft zu leben. Sie war aber sehr oft
autoritär verordnet und sozial kontrolliert. Wir fragen
heute zudem kritischer und selbstkritischer, ob eine ausnahmsweise Teilhabe am Heiligen dem entspricht, was die
Feier der Eucharistie sein und geben soll. Wenn vor Jahren
Pater Leppich in seinen Marktplatz-Predigten in einem dra-
stischen Bild von Untersee-Boot-Christen sprach, die nur
dann und wann einmal in den Raum der heiligmachenden
Gnade auftauchten, um kurz darauf wieder in die Normali-

tät der Ferne vom Tisch des Herrn abzusinken, dann sah er in diesen Christen eher Opfer einer problematischen Pastoral als eigenständige Gestalter eines fragwürdigen Glaubensweges. Neuanfang wird in unserer Situation anderes und mehr meinen müssen, als daß Christen einmal wieder den Weg „zu den Sakramenten" finden.

Die Vervielfältigung der Lebensmöglichkeiten in unserer Gesellschaft wirkt sich bei sehr vielen Christen aus dem volkskirchlichen Erbe so aus, daß sie die Möglichkeit einer entfernteren Zugehörigkeit zur Kirche nutzen. Daß die Biographien der Menschen nicht mehr so festgeschrieben sind, kann auch in der anderen Richtung die Chance einer erneuten oder erstmaligen Annäherung an die Glaubensgemeinschaft der Kirche in einer Gemeinde bedeuten. Erfahrungen der verschiedenen Erneuerungsbewegungen verweisen darauf, daß wir mit Menschen leben, die sich wegen einer schmerzlichen Enttäuschung von der Kirche entfernten, dabei durchaus mit so etwas wie Heimweh leben und bereit sind, eine Hilfe zu neuer Gemeinschaft anzunehmen. Wir leben mit Menschen, die ganz gerne einmal Erfahrungen mit lebendigen Christen machen und dabei prüfen wollen, ob die Gemeinschaft mit ihnen ein Weg für sie ist. Wir leben mit Menschen, die aufgrund sie tief bewegender Lebenserfahrungen sowohl der Trauer wie der Freude offen für Begegnungen sind, in denen nicht nur die Oberfläche des Lebens besprochen wird. Bereitschaften dieser Art können bei der zuerst evtl. eher vordergründig erscheinenden Bitte um ein Sakrament mitgehen und die Chance zu einem wirklichen Neuanfang eröffnen.

Es war oben schon davon die Rede, daß die Menschen, die heute einen Neuanfang ihres christlichen Glaubensweges suchen, Orte brauchen, an denen sie Menschen finden, an denen und mit denen sie glauben lernen können. Auf solche Orte müssen wir verweisen können, wenn sich im Gespräch uns zeigt, daß ein Mensch eine Möglichkeit der

Nähe zur Glaubensgemeinschaft sucht bzw. diese Möglichkeit wenigstens prüfen möchte. Wir müssen auf solche katechumenalen Orte in der Gemeinde verweisen können, müssen also um dieser offenen Menschen willen um solche Orte bemüht sein. Dennoch wird die Einrichtung solcher Orte in manchen Gemeinden nicht immer und gleich möglich sein. Dann müssen wir eine Beziehung vermitteln können zu Orten in anderen Gemeinden oder in Erneuerungsbewegungen.

Ein Hinweis, wie Neuanfänge von Menschen von der Glaubensgemeinschaft nicht nur eröffnet, sondern auch getragen werden können, sei hier aus einer unserer Erneuerungsbewegungen weitergegeben. Dort bilden Christen (Amtsträger immer zusammen mit einer Gruppe von Laien) nicht nur eine Art von Glaubensgemeinschaft in gegenseitigem Glaubenszeugnis. Jeder, der in der Gruppe einen Weg zum Glauben sucht, bekommt darüber hinaus einen aus der Gemeinschaft, der seinen Weg intensiv mit seinem Gebet begleitet. Die Erfahrung, wie dieses Gebet tragen kann, ist z. T. in Gebetspatenschaften bei der Firmpastoral aufgegriffen. Vielleicht ist die Beteiligung von Gebetsbegabungen die hervorragendste Weise der Einbeziehung der Gemeinde in die Sakramentenpastoral.

b) Gottesdienstliche Feiern im Vorraum der Sakramente

Gleich am Anfang dieses Abschnittes ist zuzugestehen, daß es eher ausnahmsweise gelingen wird, mit Menschen, die für sich oder ihr Kind zunächst ein Sakrament suchen, einen Weg zu gehen, auf dem ihnen aufgehen kann, daß nicht das Sakrament, wohl aber eine andere gottesdienstliche Handlung ihrem religiösen Verlangen entspricht. Für einen solchen Weg ist nicht nur Bereitschaft und Fähigkeit zu aufrichtiger und verstehender Kommunikation erforderlich. Hinzukommen muß die Kraft zu einem ungewohnten

Handeln und dabei oft auch zu einem Abweichen von Erwartungen der näheren Umgebung.

Daß trotzdem Schritte in der hier angezeigten Suchrichtung möglich sind, sei am Beispiel einer schon ziemlich weit verbreiteten Praxis bei Trauungen eröffnet. Traditionell bildeten Trauung und Brautmesse eine Einheit, und es ist von fundamentaler Bedeutung, daß Christen sich aus der Eucharistie als Zeichen der Liebe Gottes füreinander und für ihre Mitwelt ausrüsten und bevollmächtigen lassen. Wo aber Christen keine lebendige Beziehung zur Eucharistie haben, gelingt es oft, vor die Alternative zu führen, entweder einen neuen Zugang zur Feier der Eucharistie zu suchen oder aber aufrichtigerweise auf diese Feier zu verzichten und die Trauung in einem Wortgottesdienst zu begehen. Wo der Braut oder dem Bräutigam oder beiden von ihnen die Eucharistie fremd ist und keine Motivationen da sind, diese Fremdheit zu überwinden, können die Paare in der Regel von sich aus der Trauung ohne Eucharistie zustimmen, weil diese Form ihrer Glaubenssituation entspricht. Oft können Paare sich zu diesem Handeln auch gegen Erwartungen ihrer Umwelt entscheiden.

Die Situation ist bei der Taufbitte für Kinder oder der Feier der Erstkommunion sicher eine andere. Noch einmal unter anderen Einwirkungen kann das Handlungsfeld bei der Firmung stehen. Darum sind Differenzierungen nötig, wenn weiter unten spezielle Möglichkeiten bei den einzelnen Sakramenten zu bedenken sind. Dennoch sind hier, wo es um allgemeine Suchrichtungen geht, einige alle Sakramente betreffende Hinweise möglich:

– Es muß um eine gemeinsame Bemühung der um das Sakrament Bittenden und der Gesprächspartner von seiten der Gemeinde gehen. Dieses Bemühen muß der Aufrichtigkeit in der Situation und einem wahrhaftigen Handeln gelten. Es gibt zumindest Minderheiten, für die Aufrichtigkeit einen hohen Wert darstellt und denen eine Kirche sogar näher kommen kann, die sich selbst in dem, was ihr heilig ist, ganz ernst nimmt. Menschen aus diesen Minderheiten kann von sich aus daran gelegen sein, die Symbole und Worte mit der Kirche zu teilen, die auch ihnen wichtig sind.

– Es muß vermieden werden aller Anschein eines Mehr-Klassen-Systems in dem Sinne, daß die einen wertvoller wären als die anderen. Das heißt: Auch der Weg, den Gott mit Menschen in einer Distanz zur Glaubensgemeinschaft geht, muß hoch geachtet werden, und die Menschen müssen diese Hochachtung als glaubwürdig erfahren können. Die der Kirche näher Verbundenen sind nicht die „Besseren", sondern die, mit denen Gott seinen Weg in einer näheren Verbundenheit mit der Kirche sucht und die ihren Glaubensweg darum in intensiverer Gemeinschaft mit der Kirche zu gehen haben.

– Auch das gottesdienstliche Handeln im Vorraum der Sakramente muß Zugehörigkeit zur Kirche ausdrücken und bewirken. Hinter vielen Bitten um Sakramente steht nämlich das Verlangen um eine Form von Zugehörigkeit. Daß diejenigen, die sich im Prozeß der Annäherung an die Kirche befinden, bereits zur Kirche gehören, ist klar. Die Katechumenen gelten als Kirchenmitglieder. Es muß die Zugehörigkeit auch klar sein bei den Getauften, die grundsätzlich die Gemeinschaft aufrechterhalten, aber den Grad der Nähe selbst bestimmen wollen. Auch der Vorraum zur Kirche oder die Nebenkapellen gehören zur Kirche. Etwas weniger geklärt ist die Situation derer, die als ungetaufte „Sympathisanten" etwas dazu gehören wollen, aber noch prüfen, ob und wie sie sich weiter annähern können und wollen. Gebetsgemeinschaften und Segenshandlungen mit ihnen sind ohne Frage möglich; doch darf es keine Praxis geben, die eine noch nicht aufgenommene Gemeinschaft vortäuscht.

c) Den Menschen das geben, was sie annehmen können

In der Gemeinschaft auch mit denen, die nicht das wollen, was das Sakrament feiert, aber doch etwas von der Kirche erwarten, geht es darum, ihnen das für ihre Geschichte mit Gott mitzugeben, was sie annehmen können. Was dieses „Etwas" ist, kann sehr unterschiedlich sein und ist erst im konkreten Austausch zu finden. Zur Verdeutlichung des Anliegens seien hier immerhin einige Möglichkeiten exemplarisch angezeigt.

Es gibt Eltern ohne eine geklärte Glaubensbeziehung zu Jesus Christus und ohne Erfahrung mit verbindender und verbindlicher Glaubensgemeinschaft, die gleichwohl von der Begegnung mit der Kirche eine Stärkung ihrer Bereitschaft erwarten, für ihr Kind da zu sein. Sie können durchaus offen sein für die in der Perikope von der Kindersegnung enthaltene Gottesbotschaft Jesu: Jesus zeigt gegen die Einstellung seiner Umwelt, daß der Mensch nicht erst etwas aus sich gemacht, nicht erst etwas geleistet, nicht erst sich selbst einen Namen gegeben haben muß, um von Gott angenommen zu werden; umgekehrt: Zuerst werden wir angenommen und geliebt, und dadurch empfangen wir Kraft und Auftrag, die Menschen und unsere Lebensaufgaben anzunehmen; Liebe kann man eigentlich gar nicht verdienen – weder in der Ehe noch in der Beziehung zwischen Eltern und Kindern; Eltern schenken einander und ihren Kindern Liebe, und in lebendiger Liebe geschieht dies „gratis". Ein Wort dieser Art werden viele Eltern annehmen können, und es kann für sie heilsbedeutsam sein, es gesagt zu bekommen. Dies kann intensiviert werden, wenn es nicht bei einem Wortgeschehen bleibt, sondern in einer symbolischen Handlung gefeiert wird – etwa in einer Segenshandlung und im Anzünden einer Lebenskerze für das Kind als Symbol, daß es aus dem Geschenk der Liebe leben darf und soll.

Eltern ohne Beziehung zur Feier der Eucharistie können doch offen dafür sein, daß ihr Kind eine Beziehung zu Gott als dem ganz guten Geheimnis unseres Lebens bekommt. Sie können erfahren, wie es ihrem Kind gut tut, wenn es sich Gott als dem Vater seines Lebens anvertrauen lernt. Sie können vielleicht sogar Anregungen aufnehmen, einmal selbst einen Weg ins Gebet zu gehen. Obwohl (noch) keine Eucharistiegemeinschaft mit den Eltern und Kindern möglich ist, kann so doch eine Gebetsgemeinschaft mit ihnen möglich sein. Was Eltern und Kinder aus der Gemeinde empfangen können, wäre dann das „Vater unser". Das kann heilsbedeutsam für sie werden. Und dies ließe sich in einem Vater-unser-Fest mit feierlicher Übergabe des Herrengebetes begehen.

Brautleute ohne aktualisierte Glaubensgemeinschaft können mit der Erfahrung kommen, daß wachsende Vertrautheit miteinander auch wachsende Verantwortung füreinander bedeutet. Sie können den Wunsch haben, einander ein verläßliches Zuhause zu bauen. Sie können offen sein für das Zeugnis aus der Lebens- und Glaubenserfahrung der Kirche, daß eben darin die Berufung von Mann und Frau in ihrer Begegnung liegt, eine Gemeinschaft zu bilden, die in Freude und Leid wächst. Sie können das Wort annehmen, daß Treue nicht zuerst negativ meint, nichts mit anderen zu haben, sondern zuerst positiv darauf zu richten ist, immer wieder und weiter aufeinander zuzugehen und die in der Ehe geschenkten Möglichkeiten geteilten Lebens aufzunehmen. Es kann für sie heilsbedeutsam sein, wenn sie sich das sagen und in ihr Leben mitgehen lassen. Und diese Wirkung wird gestärkt, wenn die Entschiedenheit der Brautleute in einer Feier zum Ausdruck kommt, zu der Gebet und Segen gehört.

Diese Skizzen sollen zeigen, daß mit Menschen, mit denen sakramentale Feiern nicht wahrheitsgemäß und darum nicht sinnvoll sind, doch gottesdienstliche Feiern möglich sind, die ihnen für ihren Weg mit Gott etwas mitgeben. Diese Möglichkeiten aufzugreifen, gehört zur Sendung der Kirche für die Menschen. Auch wenn Menschen nicht dafür gewonnen werden können, in der Glaubensgemeinschaft Mitträger kirchlicher Sendung zu werden, können sie doch Empfänger von Lichtstrahlen sein, die aus dem Evangelium kommen. Auf ihre Weise werden sie das empfangene Licht auch weitergeben. Dabei müssen wir im Blick auf die Jahrhunderte volkskirchlicher Tradition nüchtern wahrnehmen, daß nicht immer kirchliches Handeln wirklich das geben konnte, was das Sakrament anzeigte, aber doch vielen Menschen etwas gab, was ihnen zu einem lebendigen Leben verhalf.

Anregend kann in diesem Zusammenhang der Bericht von Missionaren in Japan sein, daß ihre Kirchen von z. T. vielen nichtchristlichen Brautpaaren für Trauungen unter betender und segnender Assistenz eines katholischen Priesters gesucht werden. Die Missionare gehen auf diese Bitten ein, beschränken sich aber nicht nur auf die gottesdienstliche Handlung, sondern suchen in Vorgesprächen danach, wie sie den jungen Menschen etwas von dem Licht des Evangeliums mitteilen können. So wird dort nach einem Handeln mit Menschen gesucht, in dem nicht alles oder nichts mit ihnen geteilt wird.

4. Wenn Menschen die Kluft zwischen dem, was das Sakrament feiert, und dem, wie sie Zugehörigkeit zur Kirche wollen, nicht verstehen (können, wollen)

Von der Krise der Sakramentenpastoral läßt uns in unserer gegenwärtigen Übergangszeit ein Konflikt sprechen zwischen unserem Bewußtsein der engen Verbindung von Sakrament und gemeindlicher Glaubensgemeinschaft einerseits und in der traditionellen Volkskirche gewachsener Erwartung an eine selbstverständliche Versorgung mit den Gnadenmitteln der Kirche andererseits. In sehr vielen Situationen gelingt es nicht, Menschen mit nicht ausreichenden Voraussetzungen für eine sakramentale Handlung entweder zu einem wirklichen Neuanfang oder zur Zustimmung zu einer ihnen entsprechenden gottesdienstlichen Handlung zu bewegen. In diesen Situationen nur nach unserem Bewußtsein zu handeln, kann von den Menschen als unbegründete Unfreundlichkeit erfahren werden und ihnen möglicherweise Schaden zufügen. Andererseits kann es für sie ein Impuls zur Weiterentwicklung ihres Bewußtseins sein, wenn wir bei ihnen um Verständnis dafür bitten, daß uns die Ehrfurcht vor dem Sakrament dessen Mißbrauch verbietet. Darum die These:

Wenn Menschen auf der Bitte um das Sakrament bestehen, obwohl sie nur sehr partiell und distanziert kirchliche Glaubensgemeinschaft wollen, ist nach dem zu suchen, was ihrer Geschichte mit Gott helfen kann. Das kann für die einen der Aufschub, für andere der fragwürdige Vollzug der sakramentalen Handlung sein.

a) Zwei Fallbeispiele

Eltern wollten die Taufe ihres Kindes, obwohl sie keinerlei Kontakt mehr zu kirchlicher Glaubensgemeinschaft hatten. Beide waren in Elternhäusern herangewachsen, durch die sie vertraut wurden mit einem Mitleben mit ihrer Gemeinde. In der Ablösung von ihren Elternhäusern und einem damit verbundenen sozialen Aufstieg gaben sie konkrete Glaubensgemeinschaft auf. Konsequenterweise verzichteten sie auch auf die kirchliche Eheschließung und gestanden im Taufgespräch zu, daß kirchliche Gemeinschaft für sie ohne Bedeutung sei. Die Mutter wäre vielleicht für den Versuch einer neuen Annäherung zu gewinnen gewesen, stand aber unter dem führenden Einfluß des Vaters. Der Pfarrer sagte im Taufgespräch, daß er von den Eltern bei der Taufe ein Bekenntnis zur kirchlichen Gemeinschaft brauche und es nicht verantworten könne, sie in der Taufe eine Überzeugung kundgeben zu lassen, die sie nicht hätten. Er bat die Eltern, ihre Situation noch einmal zu überdenken, und sagte, er sei zur Fortsetzung des Gespräches bereit. – Der Pfarrer war hier der Überzeugung, daß diese jungen Eltern bei der Annahme ihres Kindes zur Taufe Falsches gelernt hätten: daß die Kirche sich selbst mit ihren Zeichen nicht ernst nimmt und daß man diese Zeichen daher beliebig und unverbindlich beanspruchen kann. Er sah sich zum Aufschub der Taufe gezwungen, weil er diesen Eltern nur so unmißverständlich anzeigen konnte, daß sie ihr bisher konsequentes Handeln mit der Taufbitte durchbrachen und entscheiden müssen, welche Bedeutung für sie und ihr Kind Glaube und Glaubensgemeinschaft haben soll.

Eltern ohne konkret sichtbar werdende Glaubensgemeinschaft mit der Kirche baten um die Taufe ihres zweiten Kindes. Beim Besuch zum Taufgespräch in der Familie begegnete der Pfarrer einem ersten Kind, das geistig schwer behindert ist. Er läßt sich von den Eltern erzählen, wie sie mit dem Kind und ihrer davon geprägten Situation umgehen. Er bekommt Ehrfurcht vor der Liebe, mit der die Eltern ihr behindertes Kind annehmen und für dieses Kind da sind. Er erfährt, wie unselbstverständlich es war, daß die Eltern ihr Ja zu einem zweiten Kind sagten. Der Vater ist durch seine Herkunftsfamilie mit christlichem Glauben nur entfernt vertraut. Die Mutter fühlt sich tief im katholischen Glauben verwurzelt, auch wenn sie kaum mehr die Glaubensgemeinschaft sucht. Es ist unwahrscheinlich, daß es künftig zu Glaubensgemeinschaft zwischen diesen Eltern und der Gemeinde kommen wird und daß so das Kind durch seine Eltern Verbindung mit der Glaubensgemeinschaft wird aufnehmen können. Die Taufe des Kindes als Eingliederung zu feiern, war darum sehr problematisch. Für die Eltern war in ihrer Situation wichtig, daß sie ein Zeichen der Ehrfurcht vor ihrer alltäglichen Diakonie an ihrem ersten und nun auch am zweiten Kind bekommen und darin gestärkt werden. Es war unmöglich, mit ihnen zu besprechen, ob das in einer anderen Weise als durch die Taufe geschehen kann. Ein Taufaufschub mit Angebot einer anderen Form der Annahme der Eltern und ihrer Kinder war in dem konkreten Gespräch nicht plausibel zu machen. Das Kind wurde zur Taufe angenommen, obwohl die Kluft zwischen der Taufe als Gemeindesakrament und der nicht bearbeiteten Gemeindefremdheit der Eltern offenkundig war.

In beiden Situationen wären auch mit anderer Argumentation andere Entscheidungen möglich gewesen. Im ersten Fall hätte man auf die Möglichkeit, daß die Eltern über ihr Kind später einmal neu mit der Glaubensgemeinschaft in Kontakt kommen können, setzen und damit die Entscheidung zur Taufe begründen können. Im zweiten Fall hätte man sagen können, daß ein intensiverer Austausch zwischen diesen Eltern und der Gemeinde sehr wichtig ist: für die Gemeinde, die durch die lebenspraktische Diakonie der Eltern bereichert würde, und für die Eltern, die aus der Glaubensgemeinschaft Kraft für ihre Aufgabe bekommen können. Davon hätte man ableiten können, daß vor der Taufe zumindest danach zu suchen war, wie Christen aus der Gemeinde und die Eltern näher zusammenkommen können, um dann die Taufe des Kindes als Feier der Gemeinde realisieren zu können. Welche Argumentation schwerer wiegt, ist oft nur in der konkreten Situation zu entscheiden. In beiden Fällen und in beiden Alternativen ist hier nicht vom Wesen des Sakramentes, sondern von der Situation der Eltern her gedacht. Ist das theologisch zu rechtfertigen?

b) Zum Kriterium der Menschenfreundlichkeit

Theologisch ist es sicher nicht begründbar, eine konsequente Orientierung am Wesen des Sakramentes einerseits und ein freundliches Eingehen auf die Situationen der Menschen andererseits gegeneinander auszuspielen. Die Sakramente sind Zeichen der Menschenfreundlichkeit Gottes, und alles pastorale Handeln steht unter der Sendung, die Menschenfreundlichkeit Gottes erfahrbar werden zu lassen. Was in der Wortverbindung „streng katholisch" mitklingt, weckt weniger Erinnerungen an die befreiende und aufrichtende Frohbotschaft Jesu als an auferlegte Lasten und einengende Lebensverdächtigungen. Andererseits kann das Kriterium der Menschenfreundlichkeit Gottes in dem Sinne mißverstanden werden, daß die Freundlichkeit, die es sichtbar zu machen gilt, verwechselt wird mit einer Haltung, die alles leicht nimmt und leicht macht, alles bejaht und mit dem sogenannten Mantel der Liebe zudeckt. Weil Gott in seiner Menschenfreundlichkeit das Leben will und nicht den Tod, die Freiheit und nicht die Sklaverei, das Miteinander der Menschen und nicht ihr Neben- und Gegeneinander, ist diese Freundlichkeit keine harmlose Spielerei, sondern ein Werben Gottes um den Menschen mit letztem Ernst. Ein pastorales Handeln, dem dieser Ernst nicht anzumerken ist, ist nicht menschenfreundlich, weil es den Ernst der Liebe Gottes verbirgt. Von dieser Überlegung her verbietet sich ein sakramentales Handeln mit Menschen, die sich nicht einlassen (wollen, können) auf die Verbindlichkeit der Liebe Gottes in Jesus Christus durch die Verbundenheit mit Schwestern und Brüdern in konkreter Glaubensgemeinschaft.

Positiv ist zu formulieren: den Menschen, die – aus volkskirchlichem Erbe kommend – in einer falschen Selbstverständlichkeit sakramentale Handlungen erwarten, sind Erfahrungen zu ermöglichen, durch die sie die Kluft zwischen ihren Erwartungen und dem, was das Sakrament feiert, entdecken können. Ein Ausweichen vor dieser Aufgabe ist nicht nur vom Sakrament her unverantwortlich; es würde Menschen die Chance nehmen, vor ihre Berufung zum Christsein zu kommen und lebendige Glaubensgemeinschaft aufzunehmen.

Gegenwärtig werden wir allerdings damit rechnen müssen, daß es viele Situationen gibt, in denen Menschen die Erfahrung ihrer christlichen Berufung nicht ermöglicht werden kann. Worum es im Sakrament geht, kann verstellt sein durch eine schwerwiegende Nachwirkung überkommener volkskirchlicher Sakramentenpastoral. Das Gespräch kann überfordert sein, wenn es nur von Glaubensgemeinschaft spricht, aber nicht auf geschwisterliche Glaubensgemeinschaft verweisen kann. Soziale Beziehungen können verhindern, daß Menschen konsequent auf kirchliche Traditionen verzichten oder aber neu anfangen, ihre Taufberufung zu realisieren. Was in einer Situation nicht möglich ist, kann von ihr nicht gefordert werden. Wenn es nicht möglich ist, Menschen in der Unselbstverständlichkeit des Sakramentes den Ernst der Menschenfreundlichkeit Gottes aufzudecken, wenn sie darum den Aufschub der sakramentalen Handlung als unfreundlichen Akt eines bürokratischen oder legalistisch denkenden Amtsträgers wahrnehmen werden, wird ihnen der angeratene oder gar verordnete Aufschub des Sakramentes nicht weiterhelfen. Sicher gibt es Handlungen, bei denen ich mich nicht nach dem Verständnis der Menschen richten darf. Für Kommunikationshandlungen ist aber das, was in ihnen (nicht nur kognitiv) verstanden oder mißverstanden wird, entscheidend.

Von daher gibt es in der Sakramentenpastoral Dilemma-Situationen: Menschen können nicht verstehen, worum es im Sakrament geht, und sie können nicht verstehen, warum man sie um Verzicht auf das Sakrament bittet. Wie in diesem Dilemma zu handeln ist, ist die gegenwärtig viele in der Praxis bedrängende Frage.

Unten wird die Antwortmöglichkeit im Blick auf einzelne Sakramente etwas zu differenzieren sein. Hier sei eine Perspektive zunächst ziemlich pragmatisch aufgerichtet, um sie anschließend theologisch näher zu bedenken. Die pragmatischen Regeln, nach der sich viele um eine erneuerte Sakramentenpastoral bemühte Seelsorger richten, kann wie folgt formuliert werden: Wenn das, was Menschen durch jahrhundertelange volkskirchliche Praxis der Kirche gelernt haben, nicht in wenigen Begegnungen entscheidend zu verändern und keine Einsicht für einen längeren Prozeß zu vermitteln ist, ist nach dem Bewußtsein derer zu handeln, die um die sakramentale Handlung bitten. Überall dort aber, wo Menschen die Fragwürdigkeit ihrer Erwartungen einsehen und Gemeinden ihnen einen realistischen Ort der Glaubensgemeinschaft zeigen können, schulden wir ihnen die Chance eines Neuanfangs und daher den Widerstand gegen falsche Selbstverständlichkeiten. Die Beachtung dieser Regeln verlangt ein sowohl von Mensch zu Mensch als auch von Gemeinde zu Gemeinde unterschiedliches Handeln. Dies dürfte für unsere Übergangssituation mit der Ungleichzeitigkeit der Bewegungen und Mitvollzüge typisch sein.

c) Gestufte Sakramentalität?

Theologisch zu bedenken ist, was in sakramentalen Handlungen geschieht, bei denen das, was die Kirche in ihnen feiern will, nicht mit dem übereinstimmt, was die Menschen von ihnen wollen. Schon traditionell ist nicht jedes konkrete sakramentale Handeln gleich einer anderen konkreten Handlung mit dem gleichen Wort- und Symbolgeschehen. Gott greift zwar in jedem Sakrament auf die in ihm dargestellte Weise immer ganz nach dem ganzen Menschen. Insofern gibt es das nicht, daß jemand „etwas", aber nicht ganz getauft ist. Nicht jeder Mensch läßt sich aber auf die im Sakrament dargestellte Weise ganz von seinem Gott ergreifen. Insofern können die Begegnungen zwischen Gott und Menschen in den Sakramenten eine unterschiedliche Intensität haben. Jeder hat damit Erfahrung in dem Sakrament, in dem wir immer wieder mit der ganzen Hingabe Jesu beschenkt und ganz von seinem Geist erfüllt als Kinder seinem und unserem Vater angehören. Konkret bedeutet dieses Sakrament nicht nur von Lebenssituation zu Lebenssituation etwas anderes, wir können auch sehr unterschiedlich offen sein für die Gabe in der Eucharistie.

Bei der Unterscheidung dessen, was Gott tun will und tut, und dem, was wir ihn an uns tun lassen, wird mitgedacht, daß der Mensch grundsätzlich auf Gott so eingehen will, wie er ihm im Sakrament entgegenkommt. Wo der Mensch gar nicht Gott so sucht, wie dieser ihm im Sakrament begegnen will, ist die sakramentale Handlung sinnlos und darum in keinem Fall zu verantworten. Wo Menschen in der Taufe für sich oder ihr Kind gar nicht den Anfang einer Geschichte mit dem Gott und Vater Jesu Christi suchen, da darf nicht getauft werden. Wo Paare ihre Liebe gar nicht als Geschenk und Berufung erfahren, einander in alltäglicher Liebe ein Zeichen zu sein für ein im Grunde gutes und gütiges Geheimnis des Lebens, dort gibt es gar keine Grundlage für eine kirchliche Trauung. Wo es gar nicht gelingt, Kindern auf dem Wege zur Erstkommunion eine liebende Beziehung zu Jesus zu vermitteln und die Empfangsgeste zur Kommunion meditativ als Geste des Verlangens nach Gemeinschaft einzuüben, dort muß gewartet werden, bis hoffentlich einmal das Sakrament zum Zeichen glaubender Begegnung werden kann. In all diesen Situationen, in denen Menschen gar nicht das suchen, was das Sakrament feiert, ist das volkskirchliche Erbe so aufgegeben, daß die Fortsetzung volkskirchlicher Sakramentenpastoral nicht nur fragwürdig, sondern eindeutig unverantwortlich wird.

„Oberhalb" dieser Grenze sind Menschen auf sehr unterschiedliche Weise offen für Gottes Werben um ihre Lebensantwort. Dabei ist nicht nur an den Hingabeglauben zu denken. Auch wenn es um das Bekenntnis des Glaubens der Kirche und um die Aktualisierung von Glaubensgemeinschaft geht, gibt es nicht ein „Alles-oder-nichts". Es ist problematisch, mit Menschen, die noch keine ihr Leben prägende Begegnung mit der Botschaft von der Auferstehung Jesu hatten, ein Sakrament zu feiern. Dennoch kann bei vielen Menschen durch die Tradition des Evangeliums in ihrer Lebenspraxis und Lebenseinstellung etwas gefunden werden, was in der Botschaft von der Auferweckung Jesu tragenden Grund und überbietende Verheißung bekommt. Das Sakrament mag problematisch bleiben; aber es kann doch eine angefangene Geschichte Gottes mit einem Menschen feiern und evtl. sogar den Weg eines Menschen in das Glaubensbekenntnis der Kirche etwas fördern. Es ist problematisch, Sakramente mit Menschen zu feiern, die die Kirche bzw. ihre Amtsträger nur in Grenzsituationen suchen und nicht zur Teilhabe an konkreter Glaubensgemeinschaft bereit sind. Dennoch können viele dieser Menschen doch zur Kirche dazugehören wollen – wenn auch auf eine entfernte Weise. Diese Weise der Zugehörigkeit kann im Sakrament angesprochen und möglicherweise auf eine intensivere Teilhabe hin geöffnet werden, wenn die Menschen das Sakrament nicht nur als Amtshandlung des Priesters, sondern auch als Feier einer Gemeinde erfahren können.

Ob es berechtigt ist, im Blick auf konkrete sakramentale Handlungen von einer gestuften Sakramentalität zu sprechen, mag hier offen bleiben. Weniger mißverständlich ist wohl die Rede von einer biographischen Dynamik der Sakramente. Jede Glaubensgeschichte wächst in das in den Sa-

kramenten dargestellte Geheimnis hinein, daß Gott angefangen hat, die Menschen mit sich und untereinander zu
vereinen. Eigentlich sind die Sakramente nicht Zeichen für
die, die diesem Geheimnis ihres Lebens noch nicht in Jesus
Christus begegnet sind und die Berufung der Kirche, das
Geheimnis Jesu Christi zu verkünden, noch nicht teilen.
Aber in der während unserer Übergangssituation gebrochenen Praxis sakramentaler Feiern mit Menschen in den Vor-
und Nebenräumen der Kirche kann doch oft eine innere Le-
bensdynamik aufgenommen werden, die übereinstimmt
mit der Dynamik von Biographien in christlicher Glaubensgemeinschaft.

5. Aus einer Begrenzung der Erfassungspastoral Kräfte gewinnen für Evangelisation und Gemeindebildung

Unter volkskirchlichen Voraussetzungen war die pastorale
Zielsetzung realistisch, alle zur Pfarrei gehörenden Christen
mit den Sakramenten zu erreichen. Es konnten alle getauft
und zur Erstkommunion geführt werden. Alle wurden gefirmt, und alle Paare ließen sich kirchlich trauen. Der Empfang der Sakramente wurde allen durch ihren Lebenszusammenhang so nahegelegt, daß er zu einer normalen Biographie hinzugehörte. Viele Heranwachsende wurden durch
die Teilhabe am Leben von ihnen wichtigen Bezugsperso-
nen so auf sakramentale Handlungen vorbereitet, daß zeitlich begrenzte katechetische Hinführungen genügten, um
sinnvolle Vollzüge zu ermöglichen.

Auch unter den erschwerten Bedingungen der sich auflö-
senden Milieus war es und ist es z.T. bis heute das Ziel der
Pastoral, alle zu erfassen, die im Territorium römisch-ka-
tholischer Konfession sind. Meistens kennt man diese vielen nicht mehr persönlich; aber man weiß von ihnen aus

der Kartei. Wenn man aus Anlaß der Sakramente mit ihnen Kontakt aufnimmt bzw. von ihnen um eine sakramentale Handlung gebeten wird, wird unmittelbar erfahren, daß eine intensive katechetische Hinführung versuchen muß, das aufzubauen, was früher einmal durch alltägliche Lebensvollzüge vermittelt wurde. So war vielerorts die erste Reaktion auf das Schwinden volkskirchlicher Voraussetzungen der Sakramentenpastoral der Ausbau der Sakramentenkatechese. Mit ihrer Hilfe konnten und können z. T. bis heute viele mit dem sakramentalen Leben der Kirche in Verbindung kommen. Fast überall werden inzwischen aber zwei Erfahrungen gemacht. Zum einen werden nicht mehr alle aus Anlaß der Sakramente erreicht. Zum anderen wird es immer schwerer, alle diejenigen, die erreicht werden, wirklich so mit dem Sakrament vertraut zu machen, daß es zum Zeichen glaubender Begegnung mit Gott in Jesus Christus werden kann. Wo diesen Erfahrungen zum Trotz dennoch das Ziel der Erfassungspastoral aufrechterhalten wird, sind Enttäuschungen unvermeidlich. Nicht selten folgt die Resignation. Diese betrifft nicht nur die Hauptamtlichen, sondern auch die vielen, die als ehrenamtliche Katechetinnen und Katecheten erfahren müssen, wie die Erwartung, durch Katechese die Breite volkskirchlichen Erbes an das Mitleben mit der Kirche heranzuführen, unerfüllbar wird.

Die Teile I und II der hier vorgelegten Überlegungen sollten unsere Erwartungen in Richtung realistischer Zielsetzungen verändern, um so Enttäuschung und Resignation zu vermeiden. Es muß das Ziel der Pastoral bleiben, vielen, ja sogar allen (auch über die Grenze der Kirchenzugehörigkeit hinaus) Begegnungen mit dem Evangelium zu ermöglichen. Wir dürfen aber nicht erwarten, die vielen, die einmal ungefragt in das Leben mit der Kirche hineingenommen wurden, als Mitträger kirchlicher Sendung heute gewinnen zu können. Wir müssen das dankbare Staunen über jeden Christenmenschen lernen, den der Geist in unserer Gesellschaft der kirchlich-gemeindlichen Glaubensgemeinschaft schenkt. Viele der Christen, die Kirche in Gemeinden vergegenwärtigen wollen, kommen aus dem volkskirchlichen Erbe und zeigen damit, wie in ihm lebendiger Glaube weitergetragen wurde und wird. Zunehmend werden wir aber auch Aufmerksamkeiten entwickeln müssen für Vorgänge der Evangelisation, durch die auch die Menschen, die nicht mehr durch ihre Herkunft mit dem Evangelium heranwachsen, für die Teilhabe am Glauben der Kirche geworben werden.

Damit wird eine Neuorientierung angesprochen, die über die Veränderung pastoraler „Erfolgs"-Erwartungen hinausgeht. Erfassungspastoral war auf die gerichtet, die dazu gehören. Wir werden mit einer steigenden Zahl von Menschen leben, die zu keiner der größeren Kirchen oder der kleineren religiösen Gemeinschaften in unserer Gesellschaft gehören. Es ist Auftrag der Kirche in ihren Gemeinden und einzelnen Christen, diesen Menschen das Licht des Evangeliums zu bezeugen und für sie in ihren Glaubensgemeinschaften offen zu sein. Für diesen Auftrag fehlt Sensibilität und Kraft, wo die Pastoral noch fast ausschließlich auf das Ziel konzentriert ist, möglichst alle Christen aus dem volkskirchlichen Erbe auf Gottes Weg mit uns in die Zukunft mitzunehmen. So wichtig dieses Ziel ist, so wenig darf es alle Zeit und Kraft in Anspruch nehmen. Konkret heißt dies z. B., daß nicht alle Kräfte in eine permanente Intensivierung der Gemeindekatechese als Sakramentenkatechese mit Heranwachsenden hineingegeben werden dürfen. Evtl. muß sogar manche Mühe in diesem Handlungsfeld eher zurückgenommen werden, um so Freiräume für die Suche nach Wegen der Evangelisation zu bekommen.

Nicht nur die Aufgabe der Evangelisation stellt uns vor die Frage, wo wir verantwortlich Intentionen der Erfassungspastoral begrenzen müssen. Immer wieder zeigt sich, daß wir innerhalb der Gemeinden an einem Mangel an le-

bendiger Glaubensgemeinschaft und damit an anziehenden
und für das Christwerden geeigneten Räumen leiden.
Wenn dies so ist, dann muß uns vor allem daran gelegen
sein, die Gemeinde als Gemeinschaft von Gemeinschaften
zu erneuern. Erst damit haben Evangelisation und Katechese eine Wirklichkeit, auf die sie werbend verweisen und
in die sie diejenigen, die sich auf den christlichen Glauben
an Gott einlassen wollen, mitnehmen können. Es wird klug
sein, weniger Kräfte für die Katechese zu investieren, um
mehr Kräfte zu haben zum Aufbau von Voraussetzungen
für eine fruchtbare Katechese. Christen, die in der Gemeinde lebendige Glaubensgemeinschaft realisieren, tun etwas für die Katechese, auch wenn sie nicht in der Katechese
mitarbeiten. Sie gestalten das geistliche Haus mit, dessen
Eingangsraum die Katechese bildet. Einseitige Konzentra-
tion auf eine möglichst alle Heranwachsenden erfassende
Sakramentenkatechese kann zu vergleichen sein mit dem
Bau von Eingangshallen, hinter denen keine Häuser stehen,
in die sie hineinführen können.

IV. Handeln II: Anregungen zur Pastoral einzelner Sakramente

Schon systematisch-theologische Aussagen über alle Sakramente zusammen sind problematisch, weil jedes Sakrament eine eigene Wirklichkeit darstellt. Noch problematischer sind praktisch-theologische Aussagen, die für alle Sakramente gelten sollen. Es sind wohl Wahrnehmungen möglich, die die Praxis aller Sakramente betreffen. Es sind auch einige allgemeine Orientierungen möglich. Verschiedentlich mußte aber schon in den vorangegangenen Überlegungen darauf verwiesen werden, daß konkretere Anregungen erst im Blick auf die einzelnen Sakramente zu geben sind. Dies soll im folgenden versucht werden an den vier Sakramenten, an die gedacht wird, wenn die Krise der Sakramentenpastoral besprochen wird.

1. Taufe

a) Taufe nach einem Weg der Annäherung

Mit der Taufe beginnt die Teilhabe des Christen am sakramentalen Leben der Kirche. Es gibt gute Gründe für die Position, daß wir die Krise der Sakramentenpastoral an diesem Anfang annehmen und angehen müssen. Die meisten Schwierigkeiten, vor denen wir bei der Erstkommunion und später bei der Trauung stehen, sind begründet in der Taufe von Kindern, die keine reale Chance der Glaubensgemeinschaft bekommen. Theologisch kann es kaum einen Zweifel daran geben, daß die Taufe eines Kindes nur dann begründet ist, wenn sie als Feier der Berufung des Kindes zum Glauben begangen werden kann. Dies ist aber nur dort möglich, wo zu erwarten ist, daß das Kind im Heranwachsen teilhaben kann am Glauben ihm nahe verbundener Christen. Vor allem ist dabei an die Eltern zu denken. In der Sorge um die reale Chance der Glaubensgemeinschaft für Kinder können zwei Handlungsvorschläge miteinander verbunden werden:

– Eltern, die keine aktualisierte Glaubensgemeinschaft mit der Gemeinde haben, wird bei der Anmeldung ihres Kindes zur Taufe angezeigt, daß die Gemeinde ihr Kind gerne aufnehmen möchte. Voraussetzung dafür ist aber, daß nach Möglichkeiten gesucht wird, die Fremdheit zwischen den Eltern und der Gemeinde zu überwinden. Wenn die Eltern dazu bereit sind, sich auf einen Weg der gegenseitigen Annäherung einzulassen, wird das Kind als Katechumene angenommen. Gelingt neue Gemeinschaft zwischen den Eltern und der Gemeinde (auch im Teilen des Glaubensbekenntnisses), wird dies im Gemeindegottesdienst gefeiert und dabei das Kind durch die Taufe in die Glaubensgemeinschaft eingegliedert.

– Damit die Gemeinde in der Begegnung mit den Eltern nicht nur durch den Amtsträger vergegenwärtigt wird, nehmen Christen aus der Gemeinde Kontakt mit den Eltern auf, um

sie mit ihren Freuden und Nöten kennenzulernen,

etwas von ihren Schwierigkeiten und Vorbehalten gegenüber der Glaubensgemeinschaft zu erfahren,

sie durch ihr Zeugnis zu motivieren, die Frage neu aufzunehmender Glaubensgemeinschaft anzunehmen,

sie auf einem möglichen Weg zu begleiten und

als Paten für das Kind zur Verfügung zu stehen.

Im Blick auf diese Vorschläge wird unmittelbar deutlich, welche Herausforderung an eine Gemeinde in ihnen enthalten ist. Vor allem ist vorausgesetzt, daß nicht nur die Gemeindefremden sich bewegen, sondern auch die Gemeinde, und zwar in konkreten Christenmenschen und ihren Glaubensgemeinschaften. In von Versorgungsmentalität geprägten Pfarreien ist die skizzierte Praxis nicht möglich. Möglich ist sie dort, wo sich in einer Pfarrei eine Gemeinde bildet, die die Sakramentenpastoral mitverantwortet und mitgestaltet. In unserer Übergangszeit gibt es bereits da und dort zumindest Anfänge einer Taufpastoral, bei der gemeindefremden Eltern die Erfahrung ermöglicht wird, daß ihre Taufbitte die Bitte um Gemeinschaft für ihr Kind enthält und daß da auch eine konkrete Gemeinschaft ist, die diese Bitte ernst nimmt und sich für die Eltern und ihr Kind öffnen will. Vielerorts muß erst nach solchen Anfängen gesucht werden.

b) Übergangslösungen

Fast überall sind Seelsorgerinnen und Seelsorger in Taufgesprächen bemüht, gemeindefremden Eltern einen neuen Anfang in der Glaubensgemeinschaft zu eröffnen. Eher ausnahmsweise kommt es tatsächlich zu neuer Gemeinschaft. Zur Taufe angenommen werden in der Regel aber auch die Kinder der Eltern, die sich auf einen Weg gegenseitiger Annäherung nicht einlassen. Für diese Praxis werden folgende Argumente versucht:

– Unsere Übergangszeit erfordert Übergangslösungen. Das heißt: Wir müssen mit vielen Eltern nach deren von früherer kirchlicher Praxis geprägtem Bewußtsein handeln, wenn wir dieses Bewußtsein in wenigen Begegnungen nicht verändern können. Würden wir uns auf die Erwartungen der Eltern nicht einlassen, dann müßten wir die totale Entfremdung der Eltern von der Kirche riskieren und könnten ihnen gar nichts mehr mitgeben in ihr Leben. – Dagegen kann argumentiert werden, daß wir Eltern die Chance eines wirklichen neuen Anfangs verstellen, wenn wir unkritisch ihren traditionellen Erwartungen entsprechen.

– Kinder, die getauft sind, bekommen durch Religionsunterricht und Katechese Kontakt mit der christlichen Glaubenswelt. Vor allem in der Katechese – etwa der Hinführung zur Erstkommunion – können sie in Gruppen teilhaben am Glauben anderer, nicht nur der Katecheten, sondern auch von Freundinnen und Freunden. In unserer Situation ist die Chance zu einer Glaubensbiographie bei getauften Kindern immer noch größer als bei ungetauften. – Hier kann eingewandt werden, daß Kinder auch ohne Taufe als Katechumenen angenommen werden können und dann sowohl Zugang zum Religionsunterricht als auch zur Katechese haben.

– Jede Kindertaufe wird gefeiert in der Hoffnung, daß sie Anfang einer Glaubensgeschichte in der Glaubensgemeinschaft wird. Auch wenn Eltern das Glaubensbekenntnis der Kirche nicht teilen und am Leben der Gemeinde nicht teilnehmen, aber ihr Kind dem Einfluß der Gemeinde aussetzen wollen (und dazu erklären sich die Eltern mit der Taufbitte in der Regel bereit), ist dies Grund zur Hoffnung darauf, daß das Kind einmal christlich an Gott glauben lernen kann. – Konsequenterweise müßte dann bei solchen Taufen auf das Glaubensbekenntnis der Eltern verzichtet werden. Basis für die Taufe wäre nicht der Glaube der Eltern, sondern der der Gemeinde, mit der die Eltern ihr Kind in Verbindung bringen wollen. Die Anschlußfrage ist: Wie kann die Gemeinde ohne Gemeinschaft mit den Eltern Kindern Glaubensmöglichkeiten eröffnen?

Das Gewicht der Argumente und Gegenargumente kann oft nur in den konkreten Situationen von Eltern, Gemein-

den und Amtsträgern gewogen werden. Eindeutig sind eher die extremen Situationen. Wenn Eltern z.B. leichtfertig und ohne verantwortliche Entscheidung die Bitte um die Taufe äußern, schulden wir ihnen mit dem Aufschub ein Zeichen unserer Ehrfurcht vor dem Sakrament. Andererseits werden wir der Bitte von Eltern trotz nicht ausreichender Voraussetzungen zu entsprechen haben, wo die Eltern (z.B. wegen ihrer gebrochenen sozialen Situation) nicht fähig sind, die Voraussetzungen zu verändern bzw. die Problematik ihrer Bitte einzusehen, wo für sie die Taufe ihres Kindes aber eine wichtige emotionale Bedeutung als Symbol der Annahme und Zugehörigkeit hat.

Unsere Übergangszeit wird deutlich in der Tatsache, daß überall dort, wo die Säkularisierung und die Individualisierung besonders wirksam sind, viele Eltern auf die Taufe verzichten. Die volkskirchliche Gewohnheit und Selbstverständlichkeit der Kindertaufe schwindet, und die Bitte um die Kindertaufe wird zunehmend nur von den Eltern geäußert, die bewußt als Glaubende in Glaubensgemeinschaft leben und ihrem Kind die Teilhabe daran eröffnen wollen. Wo noch sehr viele Kinder getauft werden, müssen wir wahrnehmen, daß viele von ihnen nicht zum Glauben in der Glaubensgemeinschaft finden – auch dann nicht, wenn sie zunächst am Glauben ihrer Eltern teilhaben konnten. Wenn wir – wie in den meisten Pfarreien – um der Chance der Gemeinschaft mit möglichst vielen aus dem volkskirchlichen Erbe willen eine sehr offene Taufpraxis weiterführen, müssen wir um unserer Identität willen wenigstens damit anfangen, die Vollendung der Taufe in der Firmung nur mit denen zu begehen, die tatsächlich in die Glaubensgemeinschaft hineingefunden haben.

c) Lernchance Erwachsenenkatechumenat [7]

Die Zahl der Menschen, die als Kinder nicht getauft werden, steigt in unserer Gesellschaft. Wenn von den Ungetauften einige als Erwachsene zum Glauben finden, wird die Taufe von Erwachsenen zu einer in vielen Gemeinden möglichen Erfahrung. Bei uns noch kaum beachtet ist, daß von II. Vaticanum die Neueinführung eines Erwachsenenkatechumenates beschlossen wurde und daß die Gemeinsame Synode der Bistümer in der BRD sich diesem Entscheid 1974 anschloß: „Wer sich dazu entschließt, das Heil in Christus zu ergreifen, erhält in der Taufe Anteil am Leben Gottes. Er wird in die Kirche eingegliedert, die ihm in seiner Gemeinde begegnet. Die Hinwendung zum christlichen Glauben und das Hineinwachsen in die Gemeinschaft der Glaubenden wird beim Erwachsenen in der Regel einen längeren Weg bedeuten, auf dem er vielfältiger Hilfe bedarf. Vor allem braucht er dabei die Erfahrung gelebten Glaubens bei denen, die ihn begleiten. Deshalb soll der Katechumenat als Vorbereitung auf die Taufe neu eingerichtet werden. Dieser Weg des Taufbewerbers bis zur Feier der Eingliederung in der Osternacht vollzieht sich entsprechend dem erneuerten Ritus in vier Stufen. Durch verschiedene Feiern wird der Taufbewerber immer tiefer in die Gemeinschaft der Gläubigen hineingenommen" (Schwerpunkt heutiger Sakramentenpastoral B. 2). Bisher ist es bei uns nur vereinzelt zur Einrichtung von Erwachsenenkatechumenaten gekommen. In den USA gehört der Katechumenat für Erwachsene inzwischen zum Leben vieler Gemeinden und erweist sich dabei als ein Ort, von dem erneuernde Impulse in die Gemeinden ausgehen. Einige wichtige Lernchancen des Erwachsenenkatechumenates seien kurz genannt, um die Aufmerksamkeit dafür zu wecken, wenn Erwachsene bei uns um Aufnahme in die Glaubensgemeinschaft bitten.

– Im Katechumenat gehen die Taufbewerber – begleitet von der Gemeinde – einen Weg. So kann der Gemeinde bewußt werden, daß die Eingliederung nicht eine punktuelle Handlung meint, sondern einen Vorgang, der in einer Reihe von Feiern seinen Ausdruck findet: Feier der Annahme, Feier der Übergabe des Glaubensbekenntnisses und des Herrengebetes, Feier der Einschreibung, Bußfeiern und schließlich Feier der Eingliederung. Wo dies durch die Mitfeier erfahren wird, kann anschaulich werden, wie problematisch eine Praxis der Kindertaufe ist, die den Eindruck erweckt, für die Eingliederung genüge die Taufhandlung. Der Weg, den Erwachsene vor ihrer Taufe in die Glaubensgemeinschaft gehen, stellt die Frage, welchen Weg die Kinder nach ihrer Taufe gehen müssen, um in die Glaubensgemeinschaft hineinzufinden. Vielleicht kann durch Erfahrungen mit dem Erwachsenenkatechumenat sogar die Bereitschaft wachsen, auch bei Kindern die Eingliederung nicht in einer einzigen Feier zu begehen und in problematischen Situationen zunächst die Annahme des Kindes zu feiern, um danach zu sehen, wie es weitergehen kann.

– Im Katechumenat wird deutlich, daß die Eingliederung neuer Mitglieder eine Aufgabe der Gemeinde ist. Wo bei uns Erwachsene Gemeinschaft mit der Kirche suchten, geschah dies in der Regel im vor der Gemeinde verborgenen Gespräch zwischen einem Seelsorger und einzelnen Bewerbern bzw. einer Bewerbergruppe. Die Aufnahme selbst wurde und wird bis heute eher ausnahmsweise in einem Gemeindegottesdienst begangen. Der Katechumenat gehört als Eingangsraum zum Leben der Gemeinde und wird von ihr mitgetragen. Christen aus der Gemeinde werden als Wegbegleiter für die um Aufnahme Bittenden gebraucht. Die Stufen der Eingliederung werden im Gemeindegottesdienst begangen. Die Gemeinde betet dabei für den Weg ihrer künftigen Schwestern und Brüder. Diese Erfahrungen haben tiefere Wirkung gegen die verbreitete Privatisierung oder Familialisierung der Taufe als theologische Belehrungen.

– Im Katechumenat kann die Aussage der Synode erfahrbar werden, daß die Gemeinde und damit die Kirche bereichert und aufgebaut wird durch jeden Gläubigen, der sich ihr anschließt (Schwerpunkte heutiger Sakramentenpastoral A.). Es kann der Glaube in der Gemeinde gestärkt werden, wenn andere die Gemeinschaft mit diesem Glauben suchen. Gegenwärtig ist eher die umgekehrte Erfahrung verbreitet: daß der Glaube angefochten wird, wo viele – auch in der Gemeinde getaufte Kinder – ihn für unwichtig und wirkungslos halten. So bedrängend diese Erfahrung – nicht nur für viele Eltern – ist, so notwendig ist wohl die Erinnerung an die Unselbstverständlichkeit der Gabe des Glaubens. Von dieser Erinnerung her wird Dankbarkeit möglich für jeden Menschen, den Gott der Gemeinde hinzufügt. In manchen Gemeinden in den USA geben Erwachsene am Ende des Katechumenates ein Zeugnis ihres Glaubens und erzählen von ihrem Weg. So wird sichtbar, daß diejenigen, die vom Glauben der Gemeinde empfangen haben, ihrerseits nun Anteil geben an ihrem Glauben. Die Gabe des Glaubens empfangen Christen nicht nur für ihre eigene Geschichte mit ihrem Gott, sondern auch um sie mit anderen Christen zu teilen und so als das Volk Gottes auch eine gemeinsame Glaubensgeschichte zu haben.

2. Firmung – Feier gefundener Glaubensgemeinschaft

Die Bemühungen um die Firmpastoral haben eine Intensität erreicht, wie sie wohl kaum jemand vor 20 Jahren vorausgesagt hätte. Gleichwohl werden gerade im Zusammenhang mit der Firmung viele niederdrückende Erfahrungen gemacht. Nicht nur, daß die Zahl der Getauften, die die

Festigung ihrer Zugehörigkeit zur Kirche nicht mehr suchen, fast überall steigt und an manchen Orten die 50-%-Marke bereits überschritten hat. Noch belastender ist, daß mit vielen feierlich deren vollkommenere Eingliederung in die Kirche als Eucharistiegemeinschaft begangen wird, obwohl sie gar nicht vorhaben, in dieser Gemeinschaft zu leben. Immer wieder lösen diese Erfahrungen Diskussionen über das angemessene Firmalter aus. Wo die Firmung als Zeichen der Entscheidung zur Taufberufung und so als Sakrament der christlichen Mündigkeit interpretiert wird, wird – meistens in einer schrittweisen Erhöhung des Firmalters – die Firmung von jungen Erwachsenen angestrebt.

Die besondere Chance des Handelns im Zusammenhang mit der Firmung besteht darin, daß dieses Sakrament mit dem geringsten Erwartungsdruck belastet ist. Am Beispiel der Firmung kann konsequent nach der erneuerten Theologie der Sakramente und nach dem Bewußtsein gehandelt werden, das wir von dem Weg Gottes mit uns in dieser Übergangszeit entwickeln. So können sowohl Heranwachsende als auch Erwachsene in der Gemeinde an der Firmung exemplarisch die Möglichkeit bekommen, teilzuhaben an der Suche nach Gottes Weg mit uns heute. Auch bei Veränderungen in der Firmpraxis ist mit heftigen Auseinandersetzungen zu rechnen, und zwar von fast allen möglichen Seiten – angefangen von Eltern bis hin zu Bistumsleitungen. Bei der Firmung ist aber Raum und Zeit für diese Auseinandersetzungen, weil man nicht unter einem unmittelbaren Entscheidungs- und Handlungsdruck steht. Auseinandersetzungen müssen den Weg in die Zukunft nicht verstellen; sie können der Weg sein, auf dem wir von Gott in die Zukunft geführt werden.

Für diesen Weg sei hier eine Anregung versucht, die sich etwas abhebt von Vorstellungen, die auf die mündige Entscheidung von Christen zu ihrer Taufberufung ausgerichtet sind. Es sei nicht geleugnet, daß sich pastoral eine Praxis der

Firmung als Sakrament christlicher Mündigkeit begründen läßt, obwohl die Firmung ursprünglich nicht diese Bedeutung hatte. Daß Taufe und Firmung in der abendländischen Kirche sich zeitlich relativ weit voneinander entfernten, kann genutzt werden, um Herangewachsene ihrer Taufberufung gegenüberzustellen und bei ihnen um freie Zustimmung zu dieser Berufung zu werben. Problematisch ist es allerdings, wenn aus dem Verlangen, möglichst viele noch einmal zu erfassen, dieser Prozeß mit Jugendlichen angegangen wird, von denen viele keine gewachsene Beziehung zu ihrer Taufberufung entwickelten und selbst dann, wenn sie es taten, nur sehr begrenzt zu einer freien Entscheidung fähig sind.

Die folgende Anregung geht von der Beobachtung aus, daß für viele Heranwachsende nicht das Problem im Vordergrund steht, wie sie sich die von ihren Eltern einmal getroffene Entscheidung zur Taufe zu eigen machen können und sollen. Ob Heranwachsende eine im Elternhaus begonnene Geschichte des Glaubens an Gott in Jesus Christus fortführen bzw. ohne mit ihren Eltern begonnene Glaubensgemeinschaft aufnehmen können, hängt davon ab, ob sie in einer konkreten Gemeinschaft teilhaben können am Glauben von ihnen wichtigen Menschen. Heranwachsende bzw. junge Erwachsene müssen also in einer Gemeinde einen Raum finden, wo ihr Glaube als Mitglaube mit anderen leben und wachsen kann. Damit korreliert die Bedeutung der Firmung im Initiationsprozeß. In diesem soll dadurch die Firmung die in der Taufe begründete Kirchengemeinschaft (vor allem als Teilhabe am Glauben anderer und als Eucharistiegemeinschaft) gefestigt und vervollkommnet werden. Es geht um Eingliederung, also um einen sozialen Vorgang. Der Glaubensweg eines Menschen lebt vom Glauben anderer und führt in die Gemeinschaft des Glaubens hinein.

Die Firmung hat dort ihren Ort und ihre Zeit, wo Menschen in einer Gemeinde bzw. in einer Gemeinschaft der Gemeinde einen Ort gefunden haben, an dem sie mitglauben können und wollen. Die gelungene Eingliederung kann in der Firmung gefeiert und dadurch gefestigt werden. Diese Akzentsetzung enthält eine doppelte Herausforderung. Zum einen muß die Gemeinde sich prüfen, ob sie Lebensräume des Glaubens für Heranwachsende ausweisen kann. Hier sei an die Aussage oben erinnert, daß an ein möglichst breites Spektrum unterschiedlicher Gemeinschaften mit unterschiedlichen Intentionen und unterschiedlichen Spiritualitäten zu denken ist. Der Verweis auf die Eucharistie am Sonntag wird nicht genügen – zumindest nicht in der nur sehr begrenzt Glaubensgemeinschaft aktualisierenden Form unserer geläufigen Sonntagsmessen. Auf der anderen Seite müssen sich die Heranwachsenden prüfen, ob sie ihre Berufung zu verbindlicher Glaubensgemeinschaft wahrnehmen und ihr in der Aufnahme und Pflege von Glaubensgemeinschaft antworten sollen und wollen. Die oft abstrakt bleibende Entscheidung zum Glauben wird konkret in der Eingliederung in die Glaubensgemeinschaft.

Gegen diese Akzentsetzung kann argumentiert werden, daß Christen in unserer Gesellschaft eher ausnahmsweise ihre Biographie dort fortsetzen, wo sie heranwachsen. Wenn sie in ihrer Herkunftsgemeinde einen Ort für Glaubensgemeinschaft gefunden haben, bedeutet dies noch nicht, daß sie auch bei Ortswechseln Glaubensgemeinschaft finden werden. Gerade weil das Finden von Glaubensgemeinschaft so wenig selbstverständlich geworden ist und weil wir kaum eine Tradition des Suchens nach möglicher Glaubensgemeinschaft haben, ist es wichtig, die zentrale Bedeutung von Glaubensgemeinschaft bewußt zu machen, die Suche nach Glaubensgemeinschaft wenigstens anfanghaft einzuüben und Erfahrungen mit Glaubensgemeinschaft zu ermöglichen, die dazu motivieren, auch nach einem Ortswechsel Schwestern und Brüder im Glauben zu suchen.

Konsequent wäre nach der hier versuchten Anregung eine Praxis, in der sich diejenigen, die einen Ort der Glaubensgemeinschaft in der Gemeinde gefunden haben, zur Firmung anmelden, um mit der Gemeinde ihre gelungene Eingliederung zu feiern. Besonders zu beteiligen sind dabei die Gemeinschaften, in denen Christen Gemeinschaft fanden. Aufgabe der Firmkatechese ist es, auf die sakramentale Handlung vorzubereiten. So wird deutlich, daß es nicht zur Katechese im engeren Sinne gehört, in der Gemeinde Räume gemeinsamen Glaubens zu bilden, die offen sind für Heranwachsende und anziehend wirken auf Heranwachsende. Räume lebendiger Glaubensgemeinschaft sind Voraussetzungen für die Katechese.

Eine Verbindung der hier entwickelten Vorstellung mit berechtigten Anliegen traditioneller Erfassungspastoral sind denkbar. Es gibt gute Gründe, in jeder Gemeinde möglichst allen Heranwachsenden die Chance einer Neubegegnung mit der Gemeinde zu geben. Dabei könnte die Intention sogar über die Grenze der Getauften hinausgehen. Diese Neubegegnung dürfte allerdings nicht unter dem Horizont der Vorbereitung auf eine terminlich schon feststehende Firmung gestellt werden. Sie müßte sich zunächst auf die Heranwachsenden einlassen, mit ihnen sehen, ob und wie sie Glaubensgemeinschaft aufnehmen sollen und wollen, und die Firmung erst dann in den Blick nehmen, wenn Glaubensgemeinschaft realisiert ist.

3. Eucharistie

a) Das „Geheimnis des Glaubens" eröffnen und schützen

Bewußt sei im Blick auf die Feier der Eucharistie nicht zuerst an die Erstkommunion von Kindern, sondern an die verbreitete Praxis gedacht, bei allen möglichen Zusammenkünften und zu allen möglichen Gelegenheiten Eucharistie zu feiern. Vor allem durch diese Praxis ist das „Geheimnis des Glaubens" davon bedroht, der Unverbindlichkeit und Ehrfurchtslosigkeit ausgeliefert zu werden.

Die Eucharistie als „Gemeinschaft am Heiligen" ist Innenraum der Gemeinde. Nur durch einen Weg der Eingliederung darf dieser Raum für neu Hinzukommende geöffnet werden. Ohne wenigstens anfängliche anbetende Beziehung zu Jesus Christus als der Gabe des Vaters an die Menschen, zu seinem Tod als Hingabe für die vielen und zu seiner neuen Nähe in der Versammlung unter seinem Namen ist eine Mitfeier der Eucharistie nicht möglich. Diese Beziehung muß vor der Feier grundlegend aufgebaut werden, um in ihr aktualisiert werden zu können. Diese Voraussetzung konnte in vom christlichen Glauben mitgeprägten Lebenszusammenhängen wachsen und katechetisch gestärkt und vertieft werden. Heute müssen wir bei vielen Menschen damit rechnen, daß sie dem in der Eucharistie gefeierten Geheimnis fast ahnungslos gegenüberstehen, und zwar auch dann, wenn sie einmal zur Erstkommunion geführt wurden und manche Stunde Religionsunterricht und Katechese empfingen. Der traditionelle Schutz der Eucharistie vor Mißbrauch mit Hilfe der problematischen Strategie einer Abschreckung angesichts einer „unwürdigen Kommunion" hat seine Wirkung verloren. Er wurde kaum abgelöst von einer Kommunikation über glaubwürdiges und ehrfürchtiges Verhalten. Bei vielen ist die Praxis der ungeprüften Kommunion weniger schuldhaft als die Folge von Ahnungslosigkeit oder Verhaltensunsicherheit. Durch die Praxis, die Eucharistiefeier und insbesondere die Kommuniongemeinschaft ohne Vermittlung von Kriterien glaubwürdigen und ehrfürchtigen Handelns für alle zu öffnen, wird von vielen gelernt, daß die Eucharistie ein unverbindliches Geschehen ist und daß der Kirche auch das „Allerheiligste" nicht „heilig" ist. Diese Beobachtung zwingt dazu, sehr viel kritischer zu fragen, mit wem wir Eucharistie feiern dürfen.

Wenn es um Heranwachsende in den Schulen, in Freizeiten oder in der Katechese geht, wird die Feier der Eucharistie mit ihnen sehr oft mit der Erwartung verbunden, ihnen Gottesdiensterfahrungen zu ermöglichen, die ihnen einen Anschluß an die eucharistische Praxis der Kirche ermöglichen sollen. Die Erfahrung zeigt, daß diese Erwartung unrealistisch ist, wenn Heranwachsende nicht Glaubensgemeinschaft mit Christen in kontinuierlich miteinander gefeierter Eucharistie finden. Wegen der Gefahr, daß geradezu nicht eröffnet wird, worum es in der Eucharistie geht, sollte eine Praxis unverbindlichen Feierns vermieden werden. Dafür ist ein breites Spektrum von nichteucharistischen bzw. voreucharistischen Gottesdiensten zu nutzen. Diese können so angelegt sein, daß sie Dimensionen und Symbole der Eucharistie aufgreifen und eröffnen, z.B. Danksagung, das Herrengebet, das Teilen des Friedens Gottes, die Gegenwart des Auferstandenen in der Versammlung und im Wort, Gebetshaltungen, Prozessionen und Segenshandlungen.

In die Richtung des Verzichtes auf die Eucharistiefeier weist vor allem eine Praxis, bei der der Wortgottesdienst mit großem Aufwand gestaltet und an ihn eine kaum erschlossene und dann oft als fremd empfundene Eucharistiefeier angehängt wird. Auch an Sonntagen kann es bei Freizeiten (sogar mit manchen Firmlingsgruppen) besser sein, mit der ganzen Gruppe nur einen Wortgottesdienst zu feiern, wenn einem großen Teil der Gruppe die sonntägliche Eucharistie sonst nichts bedeutet. Diejenigen, die Zugang zum Herrenmahl am Herrentag haben und darum auch zur Versammlung verpflichtet sind, werden sich oft einer nahegelegenen Gemeinde anschließen können. Damit geben sie ein wichtiges Zeugnis, das bei anderen Nachdenklichkeit auslösen kann.

Bei Erwachsenen hat sich die Erwartung, alles gottesdienstliche Handeln müsse eine Heilige Messe sein, vielerorts differenziert. Oft läßt sich ein Verständnis dafür aufbauen, daß es unserer Ehrfurcht vor dem Geheimnis der Eucharistie widerspricht, bei Zusammenkünften mit einem großen Anteil an Uneingeweihten Eucharistie zu feiern. Gerade Erwachsene, denen die Eucharistie viel bedeutet, sind zum Verzicht auf die Feier bereit, wenn diese geschützt werden muß, lediglich als irgendein fremdartiger Ritus empfunden zu werden.

b) Suche nach der Gemeindeversammlung am Herrentag zum Herrenmahl

Wenigstens etwas über die oben gemachten Andeutungen hinaus ist hier die Richtung anzugeben, in der wir noch entschiedener als in den letzten Jahrzehnten nach der Erneuerung unserer Liturgie suchen müssen. Um es etwas plakativ zu formulieren: Es geht um den Übergang von einem oft anonym bleibenden Service an Sonntagsmessen zu der Gemeindeversammlung am Herrentag zum Herrenmahl. Diese Gemeindeversammlungen sind natürlich offen in eucharistischer Gastfreundschaft für die Schwestern und Brüder, die nicht in den Gemeinden sind, denen sie sonst angehören, und sich der Versammlung anschließen möchten.

Es wächst die Einsicht, daß das hier in den Blick gerückte zentrale Anliegen der Liturgiereform nicht allein über Bemühungen um die Liturgie zu realisieren ist. Wo eine Pfarrei eine von einem geweihten und ungeweihten Klerus versorgte Großgruppe bleibt, in der die einzelnen Christen kaum Gemeinschaft miteinander aufnehmen und pflegen, sind keine eucharistischen Gemeindeversammlungen möglich, sondern nur Sonntagsmessen. Die Liturgie kann nicht wirklich erneuert werden ohne die Erneuerung der Martyrie und der Diakonie und ohne daß Christen Gemeinschaft bilden in Freude und Trauer und dabei ihren Glauben miteinander teilen (Koinonie). Wo es Ansätze der Gemeindebildung in den Pfarreien gibt, dort bekommen die Sonntagsgottesdienste auch Einfärbungen als Gemeindeversammlungen. Oft bleibt allerdings noch prägend der übergroße Anteil derer, die nur eine Gelegenheit zur Erfüllung einer durchaus positiv verstandenen Sonntagspflicht suchen (ohne Heilige Messe kein Sonntag); aber es gibt auch anfängliche Erfahrungen damit, wie das Leben einer Gemeinde als Gemeinschaft von Gemeinschaften in der Eucharistie am Herrentag zusammengefaßt werden kann in die Lebenshingabe Jesu und aus ihr neu den Geist empfängt, der trägt, stärkt, heilt, versöhnt und immer wieder zusammenführt. Dabei zeigt sich, daß die Gemeinde einerseits von der Eucharistie lebt, daß aber andererseits auch die eucharistische Liturgie abhängig von dem ist, wie die Gemeinde lebt.

Welche Schritte auf dem Wege in die hier angezeigte Richtung möglich sind, ist sicher in den unterschiedlichen Situationen von Pfarreien bzw. Gemeinden unterschiedlich zu beantworten. Vom Anliegen her sind diese Schritte nur in einer gemeinsamen Bemühung zu finden und setzen darum voraus, daß Gemeinschaften in der Gemeinde das Verlangen spüren, die gottesdienstlichen Versammlungen wirksamer mitzutragen und in ihnen mehr und auch anders miteinander zu tun zu bekommen. Ein Motiv der Suche nach einem Ineinander von mehr miteinander geteiltem Leben und mehr miteinander geteilter Freude an Gott und seinen Verheißungen ist die unausweichliche Beobachtung, daß Gottesdienste, die anonym bleiben und als Sonderwelten neben dem Leben erfahren werden, an Anziehungskraft verlieren.

c) Fest der Kinder und Neubegegnung mit den Eltern

Ein großer, oft sogar sehr großer Teil der jährlichen Erstkommunion-Kinder bleibt ohne begleitende Hilfe ihrer Eltern. Die meisten dieser Kinder können mit der Erstkommunion keine kontinuierliche Eucharistiegemeinschaft mit der Gemeinde aufnehmen. Dem Prozeß ihrer Initiation wäre es angemessener, mit ihnen in einem Vater-unser-Fest die feierliche Übergabe des Herrengebetes zu begehen. Oft ist es möglich, daß sie in der Gemeindekatechese am Gebetsglauben der Kirche Anteil bekommen und eine eigene Gebetspraxis entwickeln. Es ist aber fast überall unrealistisch, eine Differenzierung der Kinder vorzuschlagen und nur mit einem Teil die Erstkommunion, mit dem anderen die Übergabe des Herrengebetes zu feiern. In volkskirchlicher Tradition ist die Erstkommunion ein Fest der Kinder. Der Erstkommunion-Tag ist der große Tag, an dem das Kind im Mittelpunkt steht, auch wenn es dabei eher den Träumen der Eltern und Verwandten zu dienen hat als seine eigenen Bedürfnisse artikulieren und befriedigen darf. Damit sind tiefe Emotionen verbunden. Wollen wir in unserer Übergangszeit in Sympathie mit dem volkskirchlichen Erbe umgehen, dann müssen wir auf diese Emotionen Rücksicht nehmen und den Kindern ein Fest ausrichten. Und dieses Fest muß die Erstkommunion sein. Wie können wir gleichzeitig unserer Verantwortung gegenüber dem Geheimnis der Eucharistie entsprechen?

Auch wenn Kinder ohne die Chance der Eucharistiegemeinschaft mit ihren Eltern nach der Erstkommunion

kaum Eucharistiegemeinschaft mit der Gemeinde pflegen
können, so kann es doch möglich sein, in der Kindergruppe
eine die Kinder wirklich tragende Glaubensgemeinschaft zu
bilden und in ihr eine gute, ins Leben mitgehende Erfahrung der Eucharistiegemeinschaft am Erstkommunion-Tag
vorzubereiten. Damit ist zwar nicht der Anfang einer bleibenden und wachsenden eucharistischen Gemeinschaft erreicht. Katechetinnen und beteiligte Priester können den
Kindern aber etwas von ihrem Glauben und von ihrer Erfahrung der Christus-Gemeinschaft in der Eucharistie mit-
geteilt haben. Das kann bei den Kindern später absinken
oder sogar verlorengehen. Es kann aber auch in wichtigen
Lebenssituationen aufleben und zur Wirkung kommen –
und wenn auch nur als Erinnerung daran, daß die Ge-
meinde von Christen ein Ort der Kinderfreundlichkeit war.
Das mag wenig sein, ist aber nicht nichts. Wenn es in der
Vorbereitung den Katechetinnen und Priestern gelingt, den
Kindern auch Anteil zu geben an ihrer Ehrfurcht vor dem
Geheimnis der Eucharistie, kann es verantwortlich sein, die
Erwartung an das, was bei den Kindern ohne Mittun ihrer
Eltern möglich ist, realistisch zu begrenzen. Unverantwort-
lich wird es, wenn Kinder die ganze Frömmigkeit nur in
Kauf nehmen, um ein Fest mit seinen materiellen Zuwen-
dungen zu bekommen.

Auch bei der Erstkommunion darf der sympathische
Umgang mit unserem volkskirchlichen Erbe nicht die einzige Zielperspektive bleiben. Hinzukommen muß die Aufmerksamkeit für die intensivere Gemeinschaft, die mit
einigen und wenn auch noch so wenigen möglich ist und
wird. Hier ist nicht nur daran zu denken, wie für die Eltern,
die Glaubensgemeinschaft mit der Gemeinde leben, die
Hinführung der Kinder zur Erstkommunion eine Zeit be-
sonderer Glaubensgemeinschaft mit ihren Kindern werden
kann. Eine Einebnung aller Eltern auf deren niedrigsten gemeinsamen Nenner würde den Eltern mit eucharistischer

Praxis in der Gemeinde nicht gerecht. Darüber hinaus ist in der Neubegegnung mit allen Eltern zu sehen, ob da die eine oder andere Mutter und der eine oder andere Vater sind, die durch den Weg ihres Kindes nachdenklich werden, sich Fragen stellen, offen werden für das Zeugnis der Begleiterin ihres Kindes und sogar prüfen wollen, ob und wie für sie ein Neuanfang im Glauben möglich wird. Manchmal können es mehrere Eltern sein, die miteinander unter der Begleitung des Priesters und/oder von Zeugen aus der Gemeinde einen Weg zu neuer Glaubensgemeinschaft suchen. Manchmal ist es nur die eine Mutter oder der andere Vater. Für diese einzelnen brauchen wir die oben angesprochenen katechumenalen Orte, an denen sie christlichem Glaubensleben begegnen können.

Schließlich gibt es die Erfahrung, daß bei den Kindern, die ohne Glaubensgemeinschaft mit ihren Eltern sind, fast immer einige sind, die sich besonders offen für eine glaubende Beziehung zu Jesus und seiner Botschaft von seinem und unserem Vater zeigen. Bei einigen Kindern beginnen Glaubensgeschichten, die in eine Zukunft führen, wenn sie nicht allein bleiben. Mit allen Kindern, die Jahr für Jahr zur Erstkommunion geführt werden, können wir keine kontinuierliche Weggemeinschaft verwirklichen. Das schließt die Frage nicht aus, ob wir mit einigen, die dafür offen und bereit sind, die Gemeinschaft weiterpflegen können und sollen. Wenn dazu die Kräfte fehlen, ist hier einer der Orte, wo zu entscheiden ist, ob wir unsere Bemühungen um alle etwas zurücknehmen sollen, um mehr Kraft zu haben für die, die mehr empfangen können und wollen. Das heißt: Es ist zu entscheiden, ob wir die Länge und Intensität der Erstkommunion-Vorbereitung mit allen Kindern begrenzen, um mit einigen Kindern (und zwar nicht nur von der Gemeinde verbundenen Eltern) nach der Erstkommunion Weggemeinschaft zu behalten.

(Übrigens sei hier im Anschluß an den vorhergehenden

Abschnitt über den Schutz der Eucharistie angemerkt, daß
bei Elternabenden die Möglichkeit besteht, mit Eltern über
einen glaubwürdigen und ehrfürchtigen Umgang mit der
Eucharistie zu sprechen. Viele Eltern sehen durchaus ein,
daß es weder glaubwürdig noch ehrfürchtig ist, wenn sie
nur bei der Erstkommunion ihrer Kinder zur Kommunion
gehen, während ihnen sonst die Eucharistiegemeinschaft
unwichtig ist.)

4. Ehe – Feier dessen, was Paare in der Ehe füreinander sein wollen

Die Ehe ist ein Sakrament ganz eigener Art. Wirksames Zeichen der liebenden Nähe Gottes ist bei ihr nicht ein liturgi-
sches Wort- und Symbolgeschehen, sondern die Liebe, die
die Ehepartner einander auf ihrem gemeinsamen Lebensweg schenken. Die Trauung feiert die Ehe als Sakrament,
aber sie ist nicht das Sakrament. Bei der Ehe sind auch nicht
der Priester oder der Diakon Spender des Sakramentes, sondern die Eheleute selbst. Priester oder Diakon assistieren
nur den eigentlich handelnden Eheleuten. Darum ist auch
die Verantwortung von Priester bzw. Diakon bei der Trauung eine andere als bei den Sakramenten, wo sie die Spender sind. Dennoch haben sie Mitverantwortung. Diese
besteht vor allem darin, mit den Brautleuten zu klären, was
sie in der Ehe füreinander sein wollen.

Ehepartner können füreinander nur dann ein Zeichen
der annehmenden und aufrichtenden, tröstenden und ver-
gebenden, heilenden und erneuernden Liebe Gottes in Jesus
Christus sein, wenn sie selbst von dieser Liebe im Glauben
ergriffen sind und ihre Liebe als Berufung erfahren, einander ein Zeichen von Gott her zu sein. Dazu gehört, daß sie
in der Ehe immer neu ihre Liebe durch die Gabe des Geistes
stärken und erneuern lassen – nicht zuletzt in der Feier der

Eucharistie. Die Ehe kann also nur Sakrament werden durch den Glauben der Eheleute, und sie kann als Sakrament nur gelebt werden aus der immer wieder gesuchten und empfangenen Gabe der Liebe Gottes. In der Hoffnung darauf, von Gott zu erhalten, was sie füreinander brauchen, können Christen einander zusagen, daß sie Zeichen der unermüdbaren Treue Gottes zum Menschen sein wollen.

Das Sakrament der Ehe kann von seiner Eigenart her recht unterschiedlich gewollt und gelebt werden. Mit einem unterschiedlich intensiven Bewußtsein können Partner ihre Ehe als Zeichen wollen, in dem sie ihr Gott beschenkt und beansprucht. Sie können mit unterschiedlichem Verlangen ihre Liebe in ihrer Gottesbeziehung nähren. Sie können die Lebenschancen, die in ihrer ehelichen Gemeinschaft liegen, unterschiedlich ergreifen und zur Wirkung bringen. Und das alles kann lebensgeschichtlich variieren. Wenn Christen ihre Ehe als Sakrament leben, wächst dieses Sakrament im Laufe der Jahre. Es ist zwar schon in der jungen Ehe Zeichen der Liebe Gottes in Jesus Christus; aber eine in Freude und Leid bewährte ältere Ehe ist reicher in dem, wie Menschen einander als Geschenk von Gott her erfahren durften.

Es ist Sache der Brautleute zu entscheiden, wie geklärt, bewußt und intensiv sie füreinander im Glauben Sakrament sein wollen. Wenn bei der Trauung nach dem Ehewillen gefragt wird, geht es nicht um ein Glaubensbekenntnis, sondern um die Merkmale einer Ehe, die auch Paare wollen können, die nicht Christen sind. Das ist der Grund, warum katholische Priester in Japan auch bei Eheschließungen von Heiden assistieren. Für die Ehe-Assistenz genügt eigentlich, daß Brautleute aufrichtig füreinander Verantwortung übernehmen und aus der Erfahrung der Geschenkhaftigkeit und Bedrohtheit ihrer Liebe nach einem Segen verlangen. Aus der christlichen Überzeugung, daß Menschen auch ohne den christlichen Glauben an Gott in ihren Ehen Gaben

Gottes füreinander sind, können wir mit Brautleuten das feiern, was sie in ihren Glaubensmöglichkeiten füreinander sein wollen.

Diese bis zur Hochzeit mit Heiden gehende Offenheit in der Ehe-Assistenz wird problematisch, wenn es um die kirchliche Trauung von Getauften geht. Diese hat auch eine juridische Dimension. Das Kirchenrecht geht davon aus, daß die Ehe von Getauften im Glauben eingegangen wird, daß sie darum als Sakrament zu gelten hat und auch unter der Ordnung des Sakramentes steht. Das ist in unserer Situation problematisch geworden. Viele kirchlich geschlossenen Ehen von Getauften scheitern, weil sie faktisch kaum oder gar nicht aus der Kraft des Glaubens gewollt und gelebt werden. Sie können, weil die Partner ihre Taufberufung kaum oder gar nicht ergreifen, nur sehr entfernt oder gar nicht sakramentale Qualität erreichen. Dennoch stehen sie unter dem gleichen Anspruch wie die Ehen, in denen die versöhnenden und stärkenden Gaben des Geistes erbetet und erfahren werden können.

Theoretisch wäre denkbar, daß wir Brautleuten für jeden Fall unsere Ehe-Assistenz zusagen (evtl. mit der Bedingung wie bei Hochzeiten von Heiden in Japan, daß sie sich vorher von uns etwas über Gottes Willen mit der Ehe sagen lassen und die Grundeigenschaften der Ehe bejahen) und dann klären, ob sie wirklich eine kirchliche Trauung als Getaufte, also einander bewußt im Glauben an den Gott und Vater Jesu Christi annehmen wollen oder ob sie eher aus einer wenig geklärten Religiosität heraus eine gottesdienstliche Handlung mit einem Segen suchen. In letzterem Fall würde die Ehe nicht als Sakrament gelten und stünde auch nicht unter der Ordnung des Sakramentes. Es gibt einen Plural von Gründen, warum wir praktisch gegenwärtig wohl nur in sehr seltenen Ausnahmefällen so handeln können. Dennoch hat der hier entwickelte Gedanke Sinn; denn er provoziert dazu, wenigstens offen zu werden für eine differenziertere Trauungspraxis. Die Alternative entweder kirchliche Trauung mit voller Anerkennung der Ehe als Sakrament oder gar keine gottesdienstliche Handlung wird der geistlichen Wirklichkeit der Paare, die um kirchliche Assistenz bei ihrer Trauung bitten, nicht gerecht. Ehrfurcht dürfen nicht nur die erwarten, die in lebendiger Glaubensgemeinschaft leben, sondern auch die, die ohne persönliche Schuld nur wenig oder gar nicht ihre Taufberufung ergreifen konnten, sich als Paare aber doch mit letztem Ernst in ihrer Liebe beschenken und beanspruchen lassen wollen. Diese Ehrfurcht gebietet die Suche nach Möglichkeiten, wahrhaftig mit der Glaubenssituation der Menschen umzugehen.

Anmerkungen

¹ Für den folgenden Abschnitt verdanke ich wichtige Einsichten und Anregungen Karl Gabriel: Lebenswelten unter den Bedingungen entfalteter Modernität. Soziologische Anmerkungen zur gesellschaftlichen Situation von christlichem Glauben und Kirche. In: Pastoraltheologische Informationen 1/1988, 93–108.

² So schrieb Bruno Dreher schon vor über 20 Jahren: „Die Erwachsenengemeinde ist schon zeitlich gesehen vor der Kinder- und Jugendgemeinde da. Sie wächst nicht in erster Linie aus der Kinder- und Jugendgeneration heraus, sondern diese in erster Linie aus der Erwachsenengemeinde." B. Dreher u. a.: Katechese und Gesamtseelsorge, Würzburg 1966.

³ Aus dieser Sorge heraus erwuchsen Aufsätze, die die Diskussion um die Sakramentenpastoral intensiv anregten. Verwiesen sei auf Th. Kopp: Katechumenat und Sakrament – nicht aber Sakramentenspendung an Ungläubige, in: Anzeiger für die Seelsorge 97 (1988), 35–38; L. Pohle: Zwischen Verkündigung und Verrat, in: Geist und Leben 60 (1987), 334–354.

⁴ Erfahrungen mit der Kirche, Hannover 1982.

⁵ Außer den in Anm. 3 genannten Aufsätzen ist hier zu nennen: W. Schäfer: Christsein lernen von Grund auf: Katechumenale Wege für Getaufte, in: Lebendige Katechese 10 (1988), 110–119.

⁶ Siehe dazu die vor allem zum Anfang sehr anregende Publikation von K. Gartner: Lieber Bruder Bischof. Briefe eines Pfarrers zur Reform der Gemeindepastoral, Freiburg 1989.

⁷ Vgl. das von M. Probst, H. Plock und K. Richter hg. Werkbuch: Katechumenat heute, Freiburg 1976.